Kennzahlen HGB-Jahresabschluss
Ratios HGB-Financial Statements
Inge Wulf und Jeremy Wieland

Kennzahlen HGB-Jahresabschluss

Ratios HGB-Financial Statements

Inge Wulf und Jeremy Wieland

WILEY

WILEY-VCH Verlag GmbH & Co. KGaA

1. Auflage 2013

Alle Bücher von Wiley-VCH werden sorgfältig erarbeitet. Dennoch übernehmen Autoren, Herausgeber und Verlag in keinem Fall, einschließlich des vorliegenden Werkes, für die Richtigkeit von Angaben, Hinweisen und Ratschlägen sowie für eventuelle Druckfehler irgendeine Haftung

Bibliografische Information der Deutschen Nationalbibliothek
Die Deutsche Nationalbibliothek verzeichnet diese Publikation in der Deutschen Nationalbibliografie; detaillierte bibliografische Daten sind im Internet über http://dnb.d-nb.de abrufbar.

© 2013 WILEY-VCH Verlag GmbH & Co. KGaA, Boschstr. 12, 69469 Weinheim, Germany

Alle Rechte, insbesondere die der Übersetzung in andere Sprachen, vorbehalten. Kein Teil dieses Buches darf ohne schriftliche Genehmigung des Verlages in irgendeiner Form – durch Photokopie, Mikroverfilmung oder irgendein anderes Verfahren – reproduziert oder in eine von Maschinen, insbesondere von Datenverarbeitungsmaschinen, verwendbare Sprache übertragen oder übersetzt werden. Die Wiedergabe von Warenbezeichnungen, Handelsnamen oder sonstigen Kennzeichen in diesem Buch berechtigt nicht zu der Annahme, dass diese von jedermann frei benutzt werden dürfen. Vielmehr kann es sich auch dann um eingetragene Warenzeichen oder sonstige gesetzlich geschützte Kennzeichen handeln, wenn sie nicht eigens als solche markiert sind.

Gedruckt auf säurefreiem Papier

Umschlaggestaltung Susan Bauer, Mannheim
Satz Kühn & Weyh, Freiburg
Druck und Bindung CPI Group (UK) Ltd, Croydon, CR0 4YY
ISBN 978-3-527-50698-9

C001121_041021

Inhaltsübersicht

Table of Contents

Inhaltsübersicht

Vorwort 18

1 Beispiel-Unternehmen 21
- 1.1 Bilanz 22
- 1.2 Gewinn- und Verlustrechnung 26
- 1.3 Weitere Angaben 28

2 Kennzahlen zur Vermögenslage 35
- 2.1 Anlagenintensität 36
- 2.2 Sachanlagenintensität 38
- 2.3 Immaterialanlagenintensität 40
- 2.4 Vermögensstruktur 42
- 2.5 Verbundvermögen 44
- 2.6 Umlaufintensität 46
- 2.7 Vorrats- und Forderungsintensität 48
- 2.8 Investitionsquote (Sachanlagevermögen (SAV)) 50
- 2.9 Investitionsquote (Finanzanlagevermögen (FAV)) 52
- 2.10 Wachstumsquote (SAV) 54
- 2.11 Investitionsdeckung (SAV) 56
- 2.12 Anlagenabnutzungsgrad (SAV) 58
- 2.13 Abschreibungsquote (SAV) 60
- 2.14 Investiertes Kapital 62
- 2.15 Umschlagshäufigkeit des Gesamtvermögens 64
- 2.16 Umschlagshäufigkeit des Sachanlagevermögens 66
- 2.17 Umschlagshäufigkeit des Umlaufvermögens 68
- 2.18 Bindungsdauer des Vorratsvermögens 70
- 2.19 Beschäftigung (= Kapazitätsauslastung) 72
- 2.20 Investitionen in % des Umsatzes 74
- 2.21 Sachanlagen zu Umsatz 76
- 2.22 Stille Reserven/stille Lasten 78

Table of Contents

Preface 19

1 Company example 21
1.1 Balance Sheet 23
1.2 Profit and loss statement 27
1.3 Further disclosures 29

2 Asset Ratios 35
2.1 Fixed asset intensity 37
2.2 Property, plant and equipment (PPE) intensity 39
2.3 Intangible fixed asset intensity 41
2.4 Asset structure 43
2.5 Group assets 45
2.6 Current asset intensity 47
2.7 Inventory and receivables intensity 49
2.8 Investment ratio (property, plant and equipment (PPE)) 51
2.9 Investment ratio (financial assets (FA)) 53
2.10 Growth rate (PPE) 55
2.11 Investment coverage (PPE) 57
2.12 Degree of asset depreciation (PPE) 59
2.13 Depreciation rate (PPE) 61
2.14 Invested capital 63
2.15 Total asset turnover 65
2.16 Turnover ratio of property, plant and equipment (PPE) 67
2.17 Turnover ratio of current assets 69
2.18 Commitment period of inventories 71
2.19 Capacity utilization 73
2.20 Investment as percentage of revenue 75
2.21 Ratio of property, plant and equipment (PPE) to revenue 77
2.22 Hidden reserves/hidden liabilities 79

- 2.23 Kundenziel 80
- 2.24 Debitorenumschlag 82

3 Kennzahlen zur Finanzlage 85
- 3.1 Bilanzanalytisches Eigenkapital 86
- 3.2 Bereinigtes Eigenkapital 88
- 3.3 Eigenkapitalquote 90
- 3.4 Rücklagenquote 92
- 3.5 Selbstfinanzierungsgrad 94
- 3.6 Langfristkapitalanteil 96
- 3.7 Fremdkapitalquote 98
- 3.8 Fremdkapitalquote (kurzfristig) 100
- 3.9 Fremdkapitalstruktur 102
- 3.10 Rückstellungsquote 104
- 3.11 Statischer Verschuldungsgrad 106
- 3.12 Deckungsgrad A 108
- 3.13 Deckungsgrad B 110
- 3.14 Goldene Finanzierungsregel 112
- 3.15 Effektivverschuldung (absolut) 114
- 3.16 Effektivverschuldung (relativ) 116
- 3.17 Tilgungsfähigkeit 118
- 3.18 Kreditorenlaufzeit 120
- 3.19 Kreditorenumschlagshäufigkeit 122
- 3.20 Geldumschlagsdauer 124
- 3.21 Liquidität 1. Grades 126
- 3.22 Liquidität 2. Grades 128
- 3.23 Liquidität 3. Grades 130
- 3.24 Working Capital (absolut) 132
- 3.25 Working Capital (relativ) 134
- 3.26 Kapitalbindungsdauer 136

2.23 Customer payment target *81*
  2.24 Accounts receivable turnover *83*

3 Financial Standing Ratios *85*

  3.1 Balance sheet analytical equity *87*
  3.2 Adjusted equity *89*
  3.3 Equity ratio *91*
  3.4 Reserves ratio *93*
  3.5 Self-financing rate *95*
  3.6 Long-term capital share *97*
  3.7 Debt ratio *99*
  3.8 Debt ratio (short-term) *101*
  3.9 Debt structure *103*
  3.10 Provisions rate *105*
  3.11 Static debt-equity ratio *107*
  3.12 Coverage ratio A *109*
  3.13 Coverage ratio B *111*
  3.14 Golden rule of financing *113*
  3.15 Effective debt (absolute) *115*
  3.16 Effective debt (relative) *117*
  3.17 Redemption capability *119*
  3.18 Days payable outstanding (DPO) *121*
  3.19 Payables turnover ratio *123*
  3.20 Cash conversion cycle (CCC) *125*
  3.21 First-degree liquidity *127*
  3.22 Second-degree liquidity *129*
  3.23 Third-degree liquidity *131*
  3.24 Working capital (absolute) *133*
  3.25 Working capital (relative) *135*
  3.26 Capital commitment period *137*

4 Kennzahlen zur Erfolgsanalyse *139*

- 4.1 (Ordentliches) Betriebsergebnis *140*
- 4.2 (Ordentliches) Finanzergebnis *142*
- 4.3 Unregelmäßiges Jahresergebnis *144*
- 4.4 Jahresergebnis, bereinigtes Jahresergebnis *146*
- 4.5 Ergebnis nach DVFA/SG *148*
- 4.6 Earnings Before Taxes (EBT) *150*
- 4.7 Earnings Before Interest and Taxes (EBIT) *152*
- 4.8 Earnings Before Interest, Taxes and Amortization (EBITA); Earnings Before Interest, Taxes, Depreciation and Amortization (EBITDA) *154*
- 4.9 Net Operating Profit After Taxes (NOPAT) *156*
- 4.10 Materialintensität *158*
- 4.11 Personalintensität *160*
- 4.12 Abschreibungsintensität *162*
- 4.13 F+E-Intensität *164*
- 4.14 Herstellungskostenintensität (nur bei Erfolgsrechnung nach UKV) *166*
- 4.15 Verwaltungs- und Vertriebsintensität (nur bei Erfolgsrechnung nach UKV) *168*
- 4.16 Zinsdeckungsgrad *170*
- 4.17 Steuerquote *172*
- 4.18 Eigenkapitalrentabilität (EKR) *174*
- 4.19 Gesamtkapitalrentabilität *176*
- 4.20 Betriebsvermögensrentabilität *178*
- 4.21 Return On Capital Employed (ROCE), Return On Invested Capital (ROIC) *180*
- 4.22 Umsatzrentabilität *182*
- 4.23 EBIT-Marge *184*
- 4.24 Bruttoergebnismarge *186*
- 4.25 Return On Investment (ROI) *188*

4 Performance Analysis Ratios *139*

- 4.1 (Ordinary) operating result *141*
- 4.2 (Ordinary) financial result *143*
- 4.3 Irregular annual result *145*
- 4.4 Annual result, adjusted annual result *147*
- 4.5 Results according to DVFA/SG *149*
- 4.6 Earnings before taxes (EBT) *151*
- 4.7 Earnings before interest and taxes (EBIT) *153*
- 4.8 Earnings before interest, taxes and amortization (EBITA); Earnings before interest, taxes, depreciation and amortization (EBITDA) *155*
- 4.9 Net operating profit after taxes (NOPAT) *157*
- 4.10 Material intensity *159*
- 4.11 Staffing intensity *161*
- 4.12 Depreciation intensity *163*
- 4.13 R&D intensity *165*
- 4.14 Production cost intensity (only for income statements according to the function of expense method) *167*
- 4.15 Administration and distribution intensity (only for the function of expense method) *169*
- 4.16 Interest coverage ratio *171*
- 4.17 Tax ratio *173*
- 4.18 Return on equity (ROE) *175*
- 4.19 Return on total capital *177*
- 4.20 Return on operating assets *179*
- 4.21 Return on capital employed (ROCE), Return on invested capital (ROIC) *181*
- 4.22 Return on sales *183*
- 4.23 EBIT-margin *185*
- 4.24 Gross profit margin *187*
- 4.25 Return on investment (ROI) *189*

- 4.26 Beteiligungsrendite *190*
- 4.27 Zinsbelastung *192*

5 Besonderheiten der Konzernabschlussanalyse *195*

- 5.1 Cashflow aus laufender Geschäftstätigkeit – Ermittlungsmethoden *196*
- 5.2 Cashflow aus laufender Geschäftstätigkeit (überschlägig bzw. gemäß sog. Praktiker-Formel) *198*
- 5.3 Cashflow aus laufender Geschäftstätigkeit (DRS 2) *200*
- 5.4 Free Cashflow *202*
- 5.5 Cashflow aus Investitionstätigkeit (DRS 2) *204*
- 5.6 Cashflow aus Finanzierungstätigkeit (DRS 2) *206*
- 5.7 Innenfinanzierungskraft *208*
- 5.8 Entschuldungsgrad *210*
- 5.9 Dynamischer Verschuldungsgrad *212*
- 5.10 Wachstumsmöglichkeiten *214*
- 5.11 Cashflow-Marge *216*
- 5.12 Investitionsgrad *218*
- 5.13 Cashflow-Deckungskraft *220*
- 5.14 Cash-Burn-Rate *222*
- 5.15 Capex zu Abschreibungen *224*
- 5.16 Capex zu Umsatz *226*
- 5.17 Umsatzanteil des Segments *228*
- 5.18 Segmentrendite *230*
- 5.19 Wachstumsquote des Segments *232*

6 Kennzahlen zur Unternehmensbewertung *235*

- 6.1 Bilanzkurs *236*
- 6.2 Börsenkurs *238*
- 6.3 Marktkapitalisierung *240*
- 6.4 Marktwert-Buchwert-Relation *242*

 4.26 ROI from Holdings *191*
 4.27 Interest charge *193*

5 Particularities concerning the analysis of consolidated financial statements *195*

 5.1 Cash flow from operating activities – calculation methods *197*
 5.2 Cash flow from operating activities (estimated respectively according to practitioner-formula) *199*
 5.3 Cash flow from operating activities (according to GAS 2) *201*
 5.4 Free cash flow *203*
 5.5 Cash flow from investing activities (GAS 2) *205*
 5.6 Cash flow from financing activities (GAS 2) *207*
 5.7 Internal financing capacity *209*
 5.8 Degree of debt relief *211*
 5.9 Dynamic debt ratio *213*
 5.10 Growth opportunities *215*
 5.11 Cash flow margin *217*
 5.12 Degree of investment *219*
 5.13 Cash flow coverage *221*
 5.14 Cash-burn rate *223*
 5.15 Capex to depreciation *225*
 5.16 Capex to revenue *227*
 5.17 Segment's share of revenue *229*
 5.18 Segment return *231*
 5.19 Segment's growth rate *233*

6 Ratios for Business Valuation *235*

 6.1 Balance sheet rate *237*
 6.2 Market rate *239*
 6.3 Market capitalization *241*
 6.4 Market to book value *243*

- 6.5 Ergebnis je Aktie (unverwässert) 244
- 6.6 Ergebnis je Aktie (verwässert) 246
- 6.7 Kurs-Gewinn-Verhältnis (KGV) 248
- 6.8 Dynamisches Kurs-Gewinn-Verhältnis (KGV) 250
- 6.9 Ausschüttungsquote 252
- 6.10 Dividendenrendite 254
- 6.11 Gewichtete durchschnittliche Kapitalkosten (WACC: Weighted Average Cost of Capital) 256
- 6.12 Economic Value Added (EVA) 258
- 6.13 Market Value Added (MVA$_{\text{ex ante}}$) 260
- 6.14 Cashflow Return On Investment (CFROI) 262
- 6.15 Cash Value Added 264
- 6.16 Shareholder Value 266
- 6.17 Unternehmenswert auf Basis von Discounted Cashflow (DCF) 268

Literatur 271

Über die Autoren 273

Stichwortverzeichnis 275

6.5	Earnings per share (undiluted)	245
6.6	Earnings per share (diluted)	247
6.7	Price-earnings ratio (P/E ratio or PER)	249
6.8	Dynamic P/E ratio	251
6.9	Payout ratio	253
6.10	Dividend yield	255
6.11	Weighted average cost of capital (WACC)	257
6.12	Economic value added (EVA)	259
6.13	Market value added ($MVA_{ex\ ante}$)	261
6.14	Cash flow return on investment (CFROI)	263
6.15	Cash value added	265
6.16	Shareholder value	267
6.17	Business value based on discounted cash flows (DCF)	269

References 271

About the Authors 273

Index 281

Vorwort

Preface

Vorwort

Kennzahlen liefern verdichtete Informationen über die wirtschaftliche Lage von Unternehmen. Das vorliegende Buch enthält die wichtigsten Kennzahlen, die zur Unternehmensbeurteilung auf der Basis von HGB-Abschlüssen notwendig sind. Es wurde bewusst auf ein Zuviel an Theorie verzichtet. Vielmehr werden die wichtigsten Informationen gegeben, um die Kennzahlen berechnen, verstehen und interpretieren zu können.

Das Buch kombiniert Einträge aus diversen Büchern und Beiträgen zur Abschlussanalyse und Rechnungslegung nach HGB und bietet eine kompetente Unterstützung bei der Analyse von HGB-Einzel- und Konzernabschlüssen.

Die Besonderheit dieses Buches besteht darin, dass nicht nur die englische Übersetzung und eine Formel für die Berechnung der verschiedenen Kennzahlen gegeben werden, sondern die Ermittlung der Kennzahlenwerte anhand eines Beispielunternehmens erfolgt und die Aussagekraft und Besonderheit nach HGB für jede Kennzahl beschrieben wird. Querverweise führen schnell zu weiteren verwandten Fachbegriffen.

Das vorliegende Nachschlagewerk für die Unternehmensanalyse mit Hilfe von Kennzahlen ist für betriebswirtschaftlich Interessierte konzipiert, die HGB-Abschlüsse analysieren wollen. Das Buch wendet sich insbesondere an Rechnungslegungspraktiker und Analysten, Studierende aus dem Finanz- und Rechnungswesen wie auch Manager und Aufsichtsräte, aber auch „Nicht-Fachleute", die sich schnell in die Technik der Analyse von HGB-Abschlüssen einarbeiten möchten.

Ohne tatkräftige Unterstützung hätte das Buch nicht in diesem zeitlichen Rahmen entstehen können. Daher danken wir insbesondere Herrn M.Sc. Jens Niemöller für seine wertvollen Anmerkungen und sein Engagement sowie Frau B.Sc. Kerstin Dressel für die Gesamtdurchsicht. Recht herzlich bedanken wir uns außerdem bei den Mitarbeiterinnen und Mitarbeitern des Wiley-Verlags.

Anregungen und Verbesserungsvorschläge nehmen wir dankend entgegen.

August 2013

Inge Wulf
Jeremy Wieland

Preface

Ratios provide condensed information about the economic situation of companies. The present book provides the most important ratios necessary for business assessment based on HGB financial statements. We purposely did not include too much theory. We rather provided the most important information to enable you to calculate, understand and interpret these ratios.

This book combines many entries from various books and articles regarding financial statement analysis and financial accounting under HGB. It offers competent support for analyzing individual and consolidated HGB financial statements.

The special nature of this book is that it not only provides an english translation and a formula for calculating various ratios. Determining the ratio's value is also exemplified with a company example and the significance and particularity according to HGB is described for each ratio. Cross references quickly lead to related technical terms.

The present reference book for business analysis with the help of ratios is designed for economically interested parties wishing to analyze HGB financial statements. This book especially addresses accounting practitioners and analysts, finance and accounting students as well as managers and supervisory boards, but also "non-experts" wanting to familiarize themselves quickly with the technique of analyzing HGB financial statements.

This book could not have emerged within this time frame without enthusiastic support. We therefore would like to thank Mr. M.Sc. Jens Niemöller, in particular, for his valuable comments and commitment as well as Ms. B.Sc. Kerstin Dressel for overall. Finally, we would like to express our sincere gratitude towards the staff of Wiley-publishing.

We thankfully accept any suggestions for improvement.

August 2013

Inge Wulf
Jeremy Wieland

1

Beispiel-Unternehmen

Company example

Beispiel-Unternehmen

1.1 Bilanz

Bilanz der Beispiel-AG (in Mio. €)	GJ	VJ
Anlagevermögen		
Immaterielle Vermögensgegenstände	5.887	5.068
Sachanlagevermögen	25.032	22.087
Finanzanlagevermögen	10.314	9.528
	41.233	36.683
Umlaufvermögen		
Vorräte	6.735	6.832
Forderungen und sonstige Vermögensgegenstände	16.399	18.302
Wertpapiere	2.751	2.171
Kassenbestand, Guthaben bei Kreditinstituten	4.309	3.403
	30.194	30.708
Rechnungsabgrenzungsposten	753	629
davon Disagio: 270 (VJ: 250)		
Aktive latente Steuern	1.439	1.552
Aktiver Unterschiedsbetrag aus der Vermögensverrechnung	203	271
Summe Aktiva	73.822	69.843

Balance Sheet

Balance sheet of Example Ltd. (in € million)	Fiscal year	Previous year
Non-current assets		
Intangible assets	5,887	5,068
Property, plant and equipment	25,032	22,087
Financial assets	10,314	9,528
	41,233	36,683
Current assets		
Inventories	6,735	6,832
Receivables and other assets	16,399	18,302
Securities	2,751	2,171
Cash and bank balances	4,309	3,403
	30,194	30,708
Accruals	753	629
thereof debt discount: 270 (PY: 250)		
Deferred tax assets	1,439	1,552
Positive difference from asset allocation	203	271
Total assets	73,822	69,843

Beispiel-Unternehmen

Bilanz der Beispiel-AG (in Mio. €)	GJ	VJ
Eigenkapital		
Gezeichnetes Kapital	543	543
Kapitalrücklagen	2.671	2.671
Gewinnrücklagen	11.356	10.146
	14.570	13.360
Rückstellungen	16.134	14.660
Verbindlichkeiten	41.424	40.334
Rechnungsabgrenzungsposten	530	612
Passive latente Steuern	1.164	877
Summe Passiva	73.822	69.843

Company example

Balance sheet of Example Ltd. (in € million)	Fiscal year	Previous year
Equity		
Subscribed capital	543	543
Capital reserves	2,671	2,671
Retained earnings	11,356	10,146
	14,570	13,360
Provisions	16,134	14,660
Liabilities	41,424	40,334
Deferrals	530	612
Deferred tax liabilities	1,164	877
Total liabilities	73,822	69,843

1.2 Gewinn- und Verlustrechnung

Gewinn- und Verlustrechnung der Beispiel-AG (in Mio. €)	GJ	VJ
Umsatzerlöse	56.675	51.484
Herstellungskosten des Umsatzes	–45.900	–41.725
= **Bruttoergebnis vom Umsatz**	**10.775**	**9.759**
Vertriebskosten	–4.961	–4.812
Allgemeine Verwaltungskosten	–2.949	–2.787
Sonstige betriebliche Erträge	2.799	2.459
Sonstige betriebliche Aufwendungen	–3.627	–3.409
Ergebnis aus Beteiligungen	1.080	786
Erträge aus anderen Wertpapieren und Ausleihungen des Finanzanlagevermögens	565	481
Sonstige Zinsen und ähnliche Erträge	280	245
Abschreibungen auf Finanzanlagen und auf Wertpapiere des Umlaufvermögens	–220	–80
Zinsen und ähnliche Aufwendungen	–1.721	–1.546
= **Ergebnis der gewöhnlichen Geschäftsätigkeit**	**2.021**	**1.096**
Außerordentliche Erträge/Aufwendungen	0	–157
Steuern vom Einkommen und Ertrag	–346	–175
Sonstige Steuern	–37	–39
= **Jahresüberschuss**	**1.638**	**725**

Profit and loss statement

Profit and loss statement of Example Ltd. (in € million)	GJ	VJ
Revenue	56,675	51,484
Cost of sales	−45,900	−41,725
= **Gross profit**	**10,775**	**9,759**
Distribution expenses	−4,961	−4,812
Administrative expenses	−2,949	−2,787
Other operating income	2,799	2,459
Other operating expenses	−3,627	−3,409
Results from participations	1,080	786
Earnings from other securities and financial asset loans	565	481
Other interest and similar ernings	280	245
Depreciation on financial assets and current assets' securities	−220	−80
Interest and similar expenses	−1,721	−1,546
= **Result from ordinary business activieties**	**2,021**	**1,096**
Extraordinary earnings and expenses	0	−157
Income taxes	−346	−175
Other taxes	−37	−39
= **Annual profit**	**1,638**	**725**

1.3 Weitere Angaben

Weitere Angaben zur Beispiel-AG (in Mio. €, soweit nicht anders benannt)	GJ
Angaben zu Posten der Bilanz	
IAV-Nettoinvestitionen des GJ (Zugänge – Abgänge zu Restbuchwerten)	689
IAV-Anfangsbestand (zu AHK)	8.438
FAV-Nettoinvestitionen des GJ (Zugänge – Abgänge zu Restbuchwerten)	1.077
FAV-Anfangsbestand (zu AHK)	11.946
Wertpapiere des Anlagevermögens (Buchwert VJ: 5.210)	5.344
Wertpapiere des Anlagevermögens (Marktwert VJ: 5.750)	6.021
SAV-Nettoinvestitionen des GJ (Zugänge – Abgänge zu Restbuchwerten)	2.945
SAV-Anfangsbestand (zu AHK)	34.329
SAV-Endbestand (zu AHK)	40.372
Anteile an verbundenen Unternehmen	5.398
Ausleihungen an verbundene Unternehmen	1.984
Beteiligungen	1.355
RHB-Stoffe	1.114
Lifo-Reserve in Vorräten (VJ: 92)	127
Forderungen aus Lieferungen und Leistungen (VJ: 15.208)	14.322
Forderungen gegen verbundene Unternehmen	931
Forderungen gegen Unternehmen, mit denen ein Beteiligungsverhältnis besteht	135
Sonstige Vermögensgegenstände	3.011
Forderungen mit einer Restlaufzeit von mehr als einem Jahr	787
Sonstige Vermögensgegenstände mit einer Restlaufzeit von mehr als einem Jahr	1.080
Forderungen mit einer Restlaufzeit von weniger als einem Jahr	14.532

Further disclosures

Further disclosures on Example Ltd. (in € million, unless designated otherwise)	Fiscal year
Disclosures on items in the balance sheet	
Intangible fixed-assets-net investment fiscal year (additions – disposals at net book value)	689
Intangible fixed assets-opening balance (at acquisition and manufacturing costs)	8,438
Financial assets-net investment fiscal year (additions – disposals at net book value)	1,077
Financial assets-opening balance (at acquisition and manufacturing costs)	11,946
Securities non-current assets (book value) (PY: 5,210)	5,344
Securities non-current assets (market value) (PY: 5,750)	6,021
Property, plant and equipment-net investment fiscal year (additions – disposals at net book value)	2,945
Property, plant and equipment – opening balance (at acquisition and manufacturing costs)	34,329
Property, plant and equipment – closing balance (at acquisition and manufacturing costs)	40,372
Shares in consolidated companies	5,398
Loans to consolidated companies	1,984
Partipications	1,355
Raw materials and supplies	1,114.0
LIFO reserves in inventories (PY: 92)	127
Accounts receivable trade (PY: 15,208)	14,322
Receivables from consolidated companies	931
Receivables from companies, in which the company has a participating interest	135
other assets	3,011
Receivables with maturity > 1 year	787
Other assets with maturity > 1 year	1,080
Receivables with maturity < 1 year	14,532

Beispiel-Unternehmen

Weitere Angaben zur Beispiel-AG (in Mio. €, soweit nicht anders benannt)	GJ
Rückstellungen, mit einer Restlaufzeit von mehr als einem Jahr	11.322
Rückstellungen, mit einer Restlaufzeit von weniger als einem Jahr	6.312
Verbindlichkeiten, mit einer Restlaufzeit von mehr als einem Jahr	18.931
Verbindlichkeiten, mit einer Restlaufzeit von weniger als einem Jahr; davon: Finanzverbindlichkeiten: 6.225	21.191
Verbindlichkeiten gegen Kreditinstitute	21.753
Verbindlichkeiten aus Lieferungen und Leistungen (VJ: 8.581)	14.426
Rückstellungen für Pensionen und ähnliche Verpflichtungen (VJ: 7.367)	7.487
Angaben zu Posten der Gewinn- und Verlustrechnung	
Materialaufwand	36.172
Personalaufwand	9.403
Abschreibungen SAV	3.098
Abschreibungen IAV	964
Forschungs- und Entwicklungskosten (funktional verteilt)	4.588
Steuern vom Einkommen und Ertrag; davon: latente Steuern: –105	346
Funktional verteilte außerplanmäßige Abschreibungen auf AV	533
Kumulierte Abschreibungen SAV	15.340
Sonstige betriebliche Erträge; davon: Erträge aus Anlagenabgang: 129 Erträge aus Kantine: 344 Erträge aus der Auflösung von Rückstellungen: 609 Währungsumrechnungserträge: 551 Erträge aus weiterberechneten Kosten: 712 Erträge aus der Auflösung von Wertberichtigungen auf Forderungen: 143	2.799
Sonstige betriebliche Aufwendungen; davon: Währungsumrechnungsverluste: 723 Wertberichtigungen auf Forderungen: 625	3.627

Company example

Further disclosures on Example Ltd. (in € million, unless designated otherwise)	Fiscal year
Provisions with maturity > 1 year	11,322
Current provisions	6,312
Liabilities with maturity > 1 year	18,931
Current liabilities; thereof: financial liabilities: 6,225	21,191
Amounts owed to credit institutions	21,753
Accounts payable trade (PY: 8,581)	14,426
Pension provisions and similar obligations (PY: 7,367)	7,487
Disclosures on items in the profit and loss statement	
Material expenses	36,172
Personnel expenses	9,403
Depreciation property, plant and equipment	3,098
Amortization intangible assets	964
Research and development (functionally distributed)	4,588
Income taxes; thereof: deferred taxes: –105	346
Functionally distributed unscheduled depreciation on fixed assets	533
Cumulated depreciations on property, plant and equipment	15,340
Other operating income; thereof: income from asset disposal: 129 income from canteen: 344 income from the release of provisions: 609 income from currency translation: 551 income from allocated costs: 712 income from the release of allowances for doubtful accounts: 143	2,799
Other operating income thereof: currency translation losses: 723 value adjustments on receivables: 625	3,627

Beispiel-Unternehmen

Weitere Angaben zur Beispiel-AG (in Mio. €, soweit nicht anders benannt)	GJ
Sonstige Zinsen und ähnliche Erträge; davon aus verbundenen Unternehmen: 90	280

Zinsen auf ähnliche Aufwendungen;
    davon Zinsaufwendungen: 946
    davon Aufzinsung Rückstellungen: 775
    davon an verbundene Unternehmen: 307
	1.721

Erträge aus sonstigen Beteiligungen; davon Zuschreibungen auf Beteiligungen: 62	1.080
Erträge aus anderen Wertpapieren und Ausleihungen des FAV; davon aus verbundenen Unternehmen: 53	565
Weitere Angaben	
Steuersatz (= 0,235)	23,5%
Anzahl der Mitarbeiter im Jahresdurchschnitt	175.000
Anzahl der Mitarbeiter zum Periodenende	175.650

Company example

Further disclosures on Example Ltd. (in € million, unless designated otherwise)	Fiscal year
Other interest and similar income thereof from consolidated companies: 90	280

Interest and similar expenses;
    thereof interest: 946
    thereof compounding of provisions: 775
    thereof to affiliated companies: 307
	1,721

Earnings from other participations; thereof appreciation on participations: 62	1,080
Earnings from other securities and financial assets loans; thereof from affiliated companies: 53	565
Further disclosures	
Tax rate	23.5%
Average number of employees for the year	175,000
Number of employees at end of the period	175,650

ize
2 Kennzahlen zur Vermögenslage
Asset Ratios

Kennzahlen zur Vermögenslage

2.1 Anlagenintensität

Formel

$$\frac{\text{Anlagevermögen}}{\text{Gesamtvermögen}} \times 100$$

Beispiel

$$\frac{41.233}{73.822} \times 100 = 55,85\,\%$$

Aussagekraft und Besonderheit nach HGB

Die Anlagenintensität ist eine Kennzahl zur Beschreibung der Vermögensstruktur. Die Kennzahl gibt Aufschluss darüber, welcher Anteil des Gesamtvermögens (= Gesamtkapital = Bilanzsumme) im Anlagevermögen gebunden ist. Eine hohe Anlagenintensität bedeutet eine hohe Kapitalbindung, einen hohen Fixkostenanteil und eine mangelnde Anpassungsfähigkeit des Unternehmens an veränderte Marktbedingungen.

Die Anlagenintensität ist branchenspezifisch zu beurteilen. Bspw. ist in Unternehmen der Schwerindustrie (z. B. Maschinenbau, Zement, Stahl) der Wert tendenziell hoch. Hier kann ein niedriger Wert auf einen veralteten Anlagenbestand hinweisen (siehe auch → Anlagenabnutzungsgrad).

Bei überbetrieblichen Vergleichen sollte eine Aktivierung von selbst erstellten immateriellen Vermögensgegenständen des Anlagevermögens im Rahmen einer Aufbereitungsrechnung rückgängig gemacht werden, um eine Vergleichbarkeit mit Unternehmen zu erreichen, die aufgrund des Aktivierungswahlrechts eine aufwandswirksame Verrechnung vorgenommen haben. Auch ein aktiviertes Disagio, ein Aktivüberhang latenter Steuern sowie ein aktiver Unterschiedsbetrag aus der Vermögensverrechnung sollten bei der Ermittlung des Gesamtvermögens aus Vergleichbarkeitsgründen mit dem Eigenkapital verrechnet werden (→ bilanzanalytisches Eigenkapital).

Würdigung

➕ Gibt Aufschluss über die Anpassungsfähigkeit bzw. Flexibilität von Unternehmen.

❗ Branchenvergleich setzt vergleichbares Produktionsprogramm und Fertigungstiefe voraus. Unterscheidung nach den Intensitäten für immaterielles Anlagevermögen, Sach- und Finanzanlagevermögen notwendig.

➖ Aussagekraft eingeschränkt, da beeinflussbar durch Investitions- und Abschreibungspolitik.

Fixed asset intensity

Formula

$$\frac{\text{fixed assets}}{\text{total assets}} \times 100$$

Example

$$\frac{41,233}{73,822} \times 100 = 55.85\,\%$$

Significance in the context of HGB

Fixed asset intensity is a ratio used to describe asset structure. It offers information about how many of the total assets (= total capital = balance sheet total) are tied up in non-current assets. A high value indicates a high commitment of capital, a high rate of fixed costs and a lack of adaptability to changing market conditions.

Fixed asset intensity is sector-specific. For instance, companies in heavy industry (e.g. mechanical engineering, cement, steel) tend to show a high value. Herein a low value may indicate outdated asset investment (see also → asset depreciation ratio).

For inter-company comparison, capitalization of internally generated intangible fixed assets, should be reversed as part of the calculatory preparation, in order to achieve comparability with companies, which expensed as incurred due to the capitalisation option. For comparability reasons, capitalization of debt discounts, net asset positions of deferred taxes as well as positive differences from asset allocation should be offset against equity (–> balance sheet analytical equity) when determining total assets.

Appraisal

- ⊕ Offers information about a company's adaptability and flexibility.
- ❗ Sector-specific comparison requires similar production programs and manufacturing penetration. It is necessary to distinguish between intensities of intangible fixed assets, property, plant and equipment as well as financial assets.
- ⊖ Informative value limited, since susceptible to investment and depreciation policy.

Kennzahlen zur Vermögenslage

2.2 Sachanlagenintensität

Formel

$$\frac{\text{Sachanlagevermögen}}{\text{Gesamtvermögen}} \times 100$$

Beispiel

$$\frac{25.032}{73.822} \times 100 = 33{,}91\,\%$$

Aussagekraft und Besonderheit nach HGB

Die Sachanlagenintensität ist eine Kennzahl zur Beschreibung der Vermögensstruktur. Die Kennzahl gibt Aufschluss darüber, welcher Anteil des Gesamtvermögens (= Gesamtkapital = Bilanzsumme) in Sachanlagevermögen gebunden ist. Je kleiner die Sachanlagenintensität ist, desto besser ist die Kapazitätsausnutzung und desto günstiger die Verteilung der Fixkosten mit der Folge einer positiven Wirkung auf die Ertragslage.

Die Sachanlagenintensität ist branchenspezifisch zu beurteilen (siehe → Anlagenintensität).

Ein überbetrieblicher Vergleich kann durch unterschiedliche Anwendung des Wahlrechts zur Einbeziehung von Verwaltungskosten in die Herstellungskosten sowie unterschiedliche Behandlung von Investitionszuschüssen erschwert werden. Aktivierungswahlrechte, die für Disagio, aktive latente Steuern und selbst erstellte Immaterialanlagen genutzt wurden, sollten bei der Ermittlung des Gesamtvermögens aus Vergleichbarkeitsgründen ebenso mit dem Eigenkapital verrechnet werden (→ bilanzanalytisches Eigenkapital) wie ein aktiver Unterschiedsbetrag aus der Vermögensverrechnung.

Würdigung

+ Gibt Aufschluss über die Anpassungsfähigkeit bzw. Flexibilität von Unternehmen.

! Branchenvergleich setzt vergleichbares Produktionsprogramm und Fertigungstiefe voraus.

− Aussagekraft eingeschränkt, da beeinflussbar durch Investitions- und Abschreibungspolitik. Höhe des Sachanlagevermögens und gleichzeitig das Gesamtvermögen kann über Leasing beeinflusst werden.

Property, plant and equipment (PPE) intensity

Formula

$$\frac{\text{property, plant and equipment}}{\text{total assets}} \times 100$$

Example

$$\frac{25{,}032}{73{,}822} \times 100 = 33.91\,\%$$

Significance in the context of HGB

Property, plant and equipment intensity is a ratio used to describe asset structure. It offers information about how much of the total assets (= total capital = balance sheet total) are tied up in property, plant and equipment. The smaller the property, plant and equipment intensity, the better the capacity utilization, the more favorable the distribution of fixed costs with the effect of a positive impact on the profit situation. Property, plant and equipment intensity is sector-specific (see also → fixed asset intensity).

Inclusion of retirement obligations into production costs of fixed assets according to IFRS will increase the ratio's value.

An inter-company comparison can be impaired by exercising different options regarding the inclusion of administration costs into manufacturing costs as well as by the different treatment of investment grants. When determining total assets, capitalisation options used for debt discounts, net asset positions of deferred taxes, self-generated intangible assets as well as positive differences from asset allocation should be offset against equity (→ balance sheet analytical equity) for comparability reasons.

Appraisal

+ Offers information about a company's adaptability and flexibility.

! Sector-specific comparison requires similar production program and manufacturing penetration.

− Informative value limited, since susceptible to investment and depreciation policy. The amount of property, plant and equipment (PPE) and, at the same time, total assets can be influenced by leasing.

2.3 Immaterialanlagenintensität

Formel

$$\frac{\text{immaterielles Anlagevermögen}}{\text{Gesamtvermögen}} \times 100$$

Beispiel

$$\frac{5.887}{73.822} \times 100 = 7,97\,\%$$

Aussagekraft und Besonderheit nach HGB

Die Immaterialanlagenintensität ist eine Kennzahl zur Beschreibung der Vermögensstruktur. Die Kennzahl gibt Aufschluss darüber, welcher Anteil des Gesamtvermögens (= Gesamtkapital = Bilanzsumme) durch immaterielles Anlagevermögen gebunden ist. Da nach HGB unter bestimmten Voraussetzungen selbst erstellte immaterielle Vermögensgegenstände aktiviert werden dürfen, bietet sich eine Unterscheidung der Kennzahl in selbst erstellte und erworbene immaterielle Vermögensgegenstände an. Bei überbetrieblichen Vergleichen sollte eine Aktivierung von selbst erstellten immateriellen Vermögensgegenständen des Anlagevermögens im Rahmen einer Aufbereitungsrechnung rückgängig gemacht werden.

Aktivierungswahlrechte, die für Disagio und aktive latente Steuern genutzt wurden, sollten bei der Ermittlung des Gesamtvermögens aus Vergleichbarkeitsgründen ebenso mit dem Eigenkapital verrechnet werden (→ bilanzanalytisches Eigenkapital) wie ein aktiver Unterschiedsbetrag aus der Vermögensverrechnung. Eine besondere Bedeutung kommt dem (derivativen) Geschäfts- oder Firmenwert insb. im Rahmen einer Konzernabschlussanalyse zu, der als Unterschiedsbetrag zwischen dem Kaufpreis und dem übernommenen, neubewerteten Nettovermögen (= Vermögen − Schulden) definiert ist und ggf. separat vom anderen immateriellen Anlagevermögen zu betrachten ist.

Würdigung

- ➕ Gibt Aufschluss über die Anpassungsfähigkeit bzw. Flexibilität von Unternehmen.
- ❗ Differenzierung der Intensitäten bspw. für den Goodwill ist bei wesentlichen Beträgen für den Konzernabschluss sinnvoll.
- ➖ Eingeschränkte Aussagekraft, da nur aktivierungsfähige immaterielle Vermögensgegenstände in der Bilanz enthalten sind. Aussagekraft zudem eingeschränkt, da beeinflussbar durch Abschreibungspolitik.

Intangible fixed asset intensity

Formula

$$\frac{\text{intangible fixed assets}}{\text{total assets}} \times 100$$

Example

$$\frac{5{,}887}{73{,}822} \times 100 = 7.97\,\%$$

Significance in the context of HGB

Intangible fixed asset intensity is a ratio used to describe asset structure. It offers information about how much of the total assets (= total capital = balance sheet total) are tied up in intangible fixed assets. Since, according to HGB, internally generated intangible assets can be capitalized under certain conditions, it is appropriate to distinguish the ratio between internally generated and externally acquired intangible assets. For inter-company comparison, consolidation of self-generated intangible fixed assets should be reversed as part of the calculatory preparation.

When determining total assets, capitalization options used for debt discounts, net asset positions of deferred taxes, self-generated intangible assets as well as positive differences from asset allocation should be offset against equity (→ balance sheet analytical equity) for comparability reasons. Derivative goodwill, defined as the difference between purchase price and acquired, revalued net assets (= assets – liabilities) is of particular importance.

Appraisal

- (+) Offers information about a company's adaptability and flexibility.
- (!) Distinction between intensities, for example for goodwill, is reasonable in case of significant amounts for the consolidated financial statement.
- (−) Informative value limited, since only intangible assets, which can be activated, are recognized in the balance sheet. Informative value is also limited, due to the fact, that it is susceptible to differing depreciation policy.

Kennzahlen zur Vermögenslage

2.4 Vermögensstruktur

Formel

$$\frac{\text{Anlagevermögen}}{\text{Umlaufvermögen*}} \times 100$$

* Umlaufvermögen zzgl. aktiver Rechnungsabgrenzungsposten (ohne Disagio)

Beispiel

$$\frac{41.233}{30.677} \times 100 = 134{,}41\,\%$$

Aussagekraft und Besonderheit nach HGB

Die Vermögensstruktur informiert über die Relation zwischen Anlage- und Umlaufvermögen. Je höher das Anlagevermögen, desto weniger flexibel kann das Unternehmen auf strukturelle Veränderungen reagieren und umso höher sind die Fixkosten. Die Vermögensstruktur ist somit ein Indikator für die Flexibilität des Unternehmens. Die Kennzahl ist branchenspezifisch zu beurteilen.

Eine niedrige Vermögensstruktur kann aber auch in veralteten (bereits voll abgeschriebenen) Anlagen begründet sein. Daher ist ergänzend der → Anlagenabnutzungsgrad zu berechnen.

Die Trennung zwischen lang- und kurzfristigem Vermögen ist trotz der Unterscheidung in Anlage- und Umlaufvermögen nach HGB nicht so strikt. Beispielsweise werden nach HGB auch langfristige Forderungen innerhalb des Umlaufvermögens ausgewiesen. Ein Rechnungsabgrenzungsposten wird bei HGB-Bilanzierung als separater Bilanzposten – ohne direkte Zuordnung zum Anlage- oder Umlaufvermögen – ausgewiesen. Dieser ist nach Korrektur um ein darin enthaltenes Disagio bilanzanalytisch dem Umlaufvermögen zuzuordnen. Zu weiteren Besonderheiten → Anlagenintensität.

Würdigung

+ Misst die Flexibilität des Unternehmens im Zeitablauf. Informiert über die Kapazitätsausnutzung und lässt Rückschlüsse auf die Ertragslage zu.

! Branchenspezifische Beurteilung notwendig, zwischenbetrieblicher Vergleich hat sonst kaum Aussagekraft.

− Stellt nur auf das Bilanzvermögen ab, Off-Balance-Sheet-Positionen bleiben unberücksichtigt.

Asset structure

2.4

Formula

$$\frac{\text{fixed assets}}{\text{current assets*}} \times 100$$

* current assets plus accruals (without debt discount)

Example

$$\frac{41{,}233}{30{,}677} \times 100 = 134.41\,\%$$

Significance in the context of HGB

Asset structure gives information about fixed assets in relation to current assets. The more fixed assets, the less adaptable the company is to structural changes. Therefore, asset structure is an indicator of the company's adaptability. This ratio is sector-specific.

A low asset structure can also be due to outdated (fully depreciated) assets. So, in addition, the → asset depreciation ratio should be calculated.

Despite the distinction between fixed and current assets, separation of short and long-term assets is not that strict in HGB. According to HGB, non-current receivables are reported as current assets, for example. In accordance with HGB accounting, accruals are reported as separate balance sheet items without assigning these to fixed assets or current assets. After correcting for an included debt discount, balance sheet analytically these have to be assigned to current assets. For further pecularities → fixed asset intensity.

Appraisal

+ Measures the company's flexibility over time. Reveals utilization of capacity and allows conclusions regarding the profit situation.

! Sector-specific assessment necessary, intercompany comparison is of little significance.

− Only refers to balance sheet assets, off-balance sheet items are disregarded.

2.5 Verbundvermögen

Formel | Beispiel

Anteile an verbundenen Unternehmen	5.398 Mio. €
+ Ausleihungen an verbundene Unternehmen	1.984 Mio. €
+ Beteiligungen	1.355 Mio. €
+ Ausleihungen an Unternehmen, mit denen ein Beteiligungsverhältnis besteht	0 Mio. €
+ Forderungen gegen verbundene Unternehmen	931 Mio. €
+ Forderungen gegen Unternehmen, mit denen ein Beteiligungsverhältnis besteht	135 Mio. €
= Verbundvermögen	9.803 Mio. €

Aussagekraft und Besonderheit nach HGB

Diese Kennzahl gibt Aufschluss über die Intensität der Einbindung eines Unternehmens in den Leistungsaustausch eines Konzernverbundes. Wird das Verbundvermögen in Relation zum Gesamtvermögen betrachtet, kann die Abhängigkeit des Unternehmens von der wirtschaftlichen Gesamtsituation der Verbundunternehmen beurteilt werden. Je höher der Kennzahlenwert, desto größer ist die Abhängigkeit des Unternehmens von der wirtschaftlichen Gesamtsituation der verbundenen und beteiligten Unternehmen. Zusätzlich zur aktivseitigen Betrachtung sollten als passivseitige Betrachtung die Verbundverbindlichkeiten (= Verbindlichkeiten gegenüber Verbund- und Beteiligungsunternehmen x 100/ Gesamtkapital) analysiert werden. Im Zeitvergleich ist bei einer auffälligen Zunahme in der Höhe wie auch einem Anstieg des Kennzahlenwerts eine Ursachenforschung erforderlich. Die Ursachen könnten in möglichen wirtschaftlichen Schwierigkeiten einzelner Verbund-/Beteiligungsgesellschaften liegen.

Siehe auch → Verbund-/Beteiligungsergebnis als Teil des ordentlichen Finanzergebnisses.

Würdigung

(+) Indikator für die Intensität der Einbindung in den Leistungsaustausch eines Konzernunternehmens.

(!) Zusätzliche Betrachtung der Verbundverbindlichkeiten sinnvoll. Zusätzliche Betrachtung des Konzernabschlusses sinnvoll. Verbundvermögen kann in enger Abgrenzung nur für die Positionen mit einem „davon"-Vermerk für verbundene Unternehmen ermittelt werden.

Group assets

Formula:

shares in affiliated companies	5,398 € million
+ borrowings to affiliated companies	1,984 € million
+ participations	1,355 € million
+ borrowings to associated companies	0 € million
+ receivables from affiliated companies	931 € million
+ receivables from associated companies	135 € million
= Group assets	9,803 € million

Example: shown in the right column above.

Significance in the context of HGB

This ratio gives information about the intensity of a company's service exchanges within the affiliated group. The company's dependency on the overall economic situation of the group companies can be evaluated by putting group assets in relation with total assets. The higher the ratio's value, the greater the company's dependence on the overall economic situation of affiliated and associated companies. In addition to considering the assets side, group liabilities (= group and affiliated company liabilities × 100/total capital) should be included in the analysis. A noticeable increase of the amount as well as the ratio's value over time necessitates causal research. Reasons may be economic problems of individual affiliated or associated companies.

See also → affiliated/associated result as part of the ordinary financial result.

Appraisal

➕ Indicates the company's intensity of service exchanges within the group.

❗ Additional consideration of group liabilities reasonable. Additional consideration of group financial statements reasonable. Group assets can only be determined narrowly if items contain a "thereof" note for affiliated companies.

2.6 Umlaufintensität

Formel

$$\frac{\text{Umlaufvermögen*}}{\text{Gesamtvermögen}} \times 100$$

* Umlaufvermögen zzgl. aktiver Rechnungsabgrenzungsposten (ohne Disagio)

Beispiel

$$\frac{30.677}{73.822} \times 100 = 41{,}56\%$$

Aussagekraft und Besonderheit nach HGB

Die Umlaufintensität beschreibt – analog zur Anlageintensität – die Struktur des Vermögens. Die Kennzahl gibt Aufschluss darüber, welcher Anteil am Gesamtvermögen (= Gesamtkapital = Bilanzsumme) im Umlaufvermögen gebunden ist. Eine höhere Umlaufintensität bedeutet ein größeres Liquiditätspotenzial und eine schnellere Reaktionsfähigkeit auf Strukturveränderungen und Beschäftigungsschwankungen. Die Höhe der Kennzahl ist branchenspezifisch zu beurteilen, weil diese bspw. in der produzierenden Industrie höher ist als bei Dienstleistungsunternehmen.

Zu beachten ist, dass im Umlaufvermögen auch langfristige Forderungen und langfristige sonstige Vermögensgegenstände auszuweisen sind. Ein aktiver Rechnungsabgrenzungsposten (ohne Disagio) wird bilanzanalytisch dem Umlaufvermögen zugeordnet. Dagegen sollten ein aktiviertes Disagio, aktive latente Steuern bzw. ein Aktivüberhang sowie aktiver Unterschiedsbetrag aus der Vermögensverrechnung aus Vergleichbarkeitsgründen mit dem Eigenkapital verrechnet werden (→ bilanzanalytisches Eigenkapital).

Die Wertansätze des Umlaufvermögens können durch Inanspruchnahme von Bewertungsvereinfachungen (z. B. Lifo-Verfahren) und Ermittlung der Herstellungskosten (mit oder ohne Einbeziehung von Verwaltungskosten) verzerrt sein.

Würdigung

- ➕ Branchenspezifische Kennzahlen als Vergleichsmaßstab i.d.R. vorhanden.
- ❗ Branchenvergleich setzt vergleichbares Produktionsprogramm und Logistik voraus. Unterscheidung nach den Intensitäten bspw. für Vorräte und Forderungen sinnvoll (siehe → Vorrats- und Forderungenintensität).
- ➖ Aussagekraft eingeschränkt, da beeinflussbar durch Lagerpolitik und Forderungsmanagement.

Current asset intensity   2.6

Formula

$$\frac{\text{current assets*}}{\text{total assets}} \times 100$$

* current assets plus accruals (without debt discount)

Example

$$\frac{30{,}677}{73{,}822} \times 100 = 41.56\%$$

Significance in the context of HGB

Current asset intensity – analogous to fixed asset intensity – describes asset structure. This ratio offers information about how much of the total assets (= total capital = balance sheet total) are tied up in current assets. A higher current asset intensity indicates higher liquidity potential and more rapid reactivity to structural changes and employment fluctuations. This ratio is sector-specific, for example it is higher in the manufacturing industry than in the service industry.

Attention should be paid to the fact that long-term receivables and long-term other assets are also to be reported as part of current assets. Accruals (without debt discount) are balance-sheet analytically assigned to current assets. In contrast, consolidated debt discounts, deferred tax assets respectively, asset surplus as well as positive differences from asset allocation should be offset against equity ($\rightarrow$ balance sheet analytical equity) for comparability reasons.

Reported values of current assets may be distorted due to the use of simplified valuation methods (such as the LIFO method) and measurement of manufacturing costs (with or without the inclusion of administration expenses).

Appraisal

- ➕ Sector-specific ratios normally available for comparison.
- ❗ Sector-specific comparison requires similar production programs and logistics. Distinction between intensities is advisable, e.g. for inventories and receivables inventories, receivables and cash and cash equivalents intensity (see also $\rightarrow$ inventory and receivables intensity).
- ➖ Informative value limited, since susceptible to inventory policy and claims management.

Kennzahlen zur Vermögenslage

2.7 Vorrats- und Forderungsintensität

Formel

$$\text{Vorratsintensität} = \frac{\text{Vorräte}}{\text{Gesamtvermögen}} \times 100$$

$$\text{Forderungsintensität (L+L)} = \frac{\text{Forderungen aus L+L}}{\text{Gesamtvermögen}} \times 100$$

Beispiel

$$\frac{6.735}{73.822} \times 100 = 9{,}12\,\% \; ; \; \frac{14.322}{73.822} \times 100 = 19{,}40\,\%$$

Aussagekraft und Besonderheit nach HGB

Die Vorrats- und Forderungsintensität beschreibt – analog zur → Umlaufintensität – die Struktur des Vermögens. Die Kennzahl gibt Aufschluss darüber, welcher Anteil des Gesamtvermögens (= Gesamtkapital = Bilanzsumme) in Vorräten bzw. Forderungen gebunden ist. Die Höhe der Kennzahl ist branchenspezifisch zu beurteilen, weil diese bspw. in der produzierenden Industrie höher ist als bei Dienstleistungsunternehmen. Im Zeitvergleich gibt die Kennzahl Aufschluss über strukturelle Veränderungen. Ein Anstieg der Vorratsintensität deutet bei konstanten Umsätzen auf Absatzschwierigkeiten hin.

Zu berücksichtigen ist, dass innerhalb der Vorräte langfristige Fertigungsaufträge ausgewiesen sein können. Werden erhaltene Anzahlungen offen von den Vorräten abgesetzt, ist im Rahmen der Aufbereitungsrechnung ein Ausweis innerhalb der (kurzfristigen) Verbindlichkeiten zu empfehlen. Bei hohen Forderungsbeständen ist eine separate Berechnung nach Fristigkeiten zu empfehlen, da in dieser Position auch langfristige Forderungen enthalten sein können.

Würdigung

+ Indikator für strukturelle Veränderungen (Absatzschwierigkeiten). Branchenspezifische Kennzahlen als Vergleichsmaßstab i.d.R. vorhanden.

! Branchenvergleich setzt vergleichbares Produktionsprogramm und Logistik voraus.

− Aussagekraft eingeschränkt, da beeinflussbar durch Lagerpolitik und Forderungsmanagement.

Inventory and receivables intensity 2.7

Formula

$$\text{inventory intensity} = \frac{\text{inventories}}{\text{total assets}} \times 100$$

$$\text{receivables intensity} = \frac{\text{receivables}}{\text{total assets}} \times 100$$

Example

$$\frac{6{,}735}{73{,}822} \times 100 = 9.12\,\% \;;\quad \frac{14{,}322}{73{,}822} \times 100 = 19.40\,\%$$

Significance in the context of HGB

Inventory and receivables intensity – analogous to → current asset intensity – describe asset structure. This ratio offers information about how many of the total assets (= total capital = balance sheet total) are tied up in inventories respectively receivables. This ratio is sector-specific, for example, it is higher in the manufacturing industry than in the service industry. In chronological comparison it exposes structural changes. Increasing inventory during stable revenues indicates sales difficulties.

Attention shoud be paid to the fact, that inventories may also include long-term production orders. If advances received are openly deducted from inventories, it is recommended to disclose this in (current) liabilities as part of the calculatory preparation. In case of high amounts of receivables, a separate calculation according to maturity is recommended, due to the fact that this item may also contain non-current receivables.

Appraisal

+ Indicates structural changes (sales difficulties). Sector-specific ratios normally available for comparison.

! Sector-specific comparison requires similar production programs and logistics.

− Informative value limited, since susceptible to inventory policy and claims management.

Kennzahlen zur Vermögenslage

2.8 Investitionsquote (Sachanlagevermögen (SAV))

Formel

$$\frac{SAV - \text{Nettoinvestitionen des Geschäftsjahres}}{SAV - \text{Anfangsbestand (zu AHK)}} \times 100$$

(Nettoinvestition = Zugänge – Abgänge zu Restbuchwerten)

Beispiel

$$\frac{2.945}{34.329} \times 100 = 8{,}58\%$$

Aussagekraft und Besonderheit nach HGB

Die Investitionsquote gibt Auskunft über die Investitionspolitik des Unternehmens. Sie informiert über das Investitionsvolumen gemessen am aktuellen Anlagenbestand (zum Geschäftsjahresbeginn). Eine ansteigende Investitionsquote spiegelt die Wachstumsbestrebungen des Unternehmens wider. Echtes Wachstum wird erreicht, wenn die Nettoinvestitionen höher als die Abschreibungen des GJ sind (→ Wachstumsquote (SAV)). Es ist eine differenzierte Betrachtung einzelner Positionen des Sachanlagevermögens zu empfehlen.

Der Anfangsbestand meint die AHK des Anlagenbestandes aus dem Anlagespiegel. Die Herstellungskosten von Sachanlagen sind bei Einbeziehung von Verwaltungskosten in die Herstellungskosten höher als bei sofortiger Aufwandsverrechnung der Verwaltungskosten, so dass die Investitionsquote geringer ausfällt.

Würdigung

- ➕ Gute Aussagefähigkeit im Zeitvergleich, wenn Umfang und Charakter der Investitionen bekannt sind.
- ❗ Betriebsvergleich wegen unternehmensindividueller Wachstumsprozesse nur bedingt möglich.
- ➖ Höhe des Sachanlagevermögens kann über Leasing beeinflusst werden.

Investment ratio (property, plant and equipment (PPE))

2.8

Formula

$$\frac{\text{PPE – net investment fiscal year}}{\text{PPE – opening balance (at costs)}} \times 100$$

(net investment = additions – disposals at net book value)

Example

$$\frac{2,945}{34,329} \times 100 = 8.58\%$$

Significance in the context of HGB

The investment ratio gives information about a company's investment policy, the investment volume based on current asset investment (at the beginning of the fiscal year). An increasing investment ratio reflects the company's expansion efforts. Genuine growth is achieved if net investment exceeds FY's depreciation (→ Growth rate (PPE)). A differentiated view on separate PPE items is recommended.

Opening balance refers to asset investment's acquisition and manufacturing costs according to the asset history sheet. Manufacturing costs of fixed assets will turn out higher if administration expenses are included in manufacturing costs, instead of expensing them immediately, with the result that the investment ratio will turn out smaller.

Appraisal

➕ High informative value over time if the investment's extent and characteristics are known.

❗ Intercompany comparison is only possible to a limited extent due to company-specific growth patterns.

➖ The amount of fixed assets can be influenced by leasing.

2.9 Investitionsquote (Finanzanlagevermögen (FAV))

Formel

$$\frac{\text{FAV} - \text{Nettoinvestitionen des Geschäftsjahres}}{\text{FAV} - \text{Anfangsbestand (zu Anschaffungskosten)}} \times 100$$

(Nettoinvestition = Zugänge – Abgänge zu Restbuchwerten)

Beispiel

$$\frac{1.077}{11.946} \times 100 = 9{,}02\,\%$$

Aussagekraft und Besonderheit nach HGB

Die Investitionsquote für das Finanzanlagevermögen ist insofern wichtig, als viele Unternehmen in ihren Bilanzen zunehmend höhere Beteiligungen ausweisen. Aus der Entwicklung im Zeitablauf kann die Investitionsstrategie des Unternehmens abgeleitet werden. Beispielsweise können Unternehmen durch den Erwerb neuer Unternehmen die künftige Unternehmensentwicklung absichern und verbessern, indem Synergien genutzt werden oder Risiken durch Investitionen in neue Märkte und Branchen breiter gestreut und diversifiziert werden. Es ist eine differenzierte Betrachtung einzelner Positionen des FAV zu empfehlen.

Der Anfangsbestand meint die AHK des Anlagenbestandes aus dem Anlagespiegel. Bei hohem → Verbundvermögen ist eine differenzierte Betrachtung des Finanzanlagevermögens zu empfehlen.

Würdigung

- ➕ Gute Aussagefähigkeit im Zeitvergleich, wenn Umfang und Charakter der Investitionen bekannt sind.
- ➕ Anfangsbestand zu AHK ist besser geeignet als der Vorjahreswert in der Bilanz, der durch Abschreibungen beeinflusst werden kann.
- ❗ Betriebsvergleich wegen unternehmensindividueller Wachstumsprozesse nur bedingt möglich.

Investment ratio (financial assets (FA))

2.9

Formula

$$\frac{\text{FA} - \text{net investment fiscal year}}{\text{FA} - \text{opening balance (at acquisition costs)}} \times 100$$

(net investment = additions – disposals at net book value)

Example

$$\frac{1{,}077}{11{,}946} \times 100 = 9.02\,\%$$

Significance in the context of HGB

The investment ratio for financial assets is important as many companies report increasing shareholdings in their balance sheets. The company's investment strategy can be derived from the ratio's development over time. For example, a company can ensure and improve corporate development by acquiring other companies, utilizing synergies or diversifying risk by investing in new markets and sectors. A differentiated view on separate FA items is recommended.

Opening balance refers to asset investment's acquisition and manufacturing costs according to the asset history sheet. In case of high → group assets, a differentiated view of financial assets is recommended.

Appraisal

+ High informative value over time if the investment's extent and characteristics are known.

+ Opening balance at acquisition and manufacturing costs is more suitable than the previous year's value, which can be influenced by depreciations.

! Intercompany comparison is only possible to a limited extent due to company-specific growth patterns.

2.10 Wachstumsquote (SAV)

auch Reinvestitionsquote genannt

Formel

$$\frac{\text{SAV} - \text{Nettoinvestonen des Geschäftsjahres}}{\text{SAV} - \text{Abschreibungen des Geschäftsjahres}} \times 100$$

(Nettoinvestition = Zugänge – Abgänge zu Restbuchwerten)

Beispiel

$$\frac{2.945}{3.098} \times 100 = 95{,}06\,\%$$

Aussagekraft und Besonderheit nach HGB

Die Wachstumsquote bringt den Investitionsüberschuss zum Ausdruck und informiert über die Zukunftsvorsorge des Unternehmens. Je größer die Wachstumsquote, desto besser ist die Zukunftsvorsorge. Ist die Wachstumsquote 100%, so bedeutet dies, dass der Werteverlust des Anlagenbestandes durch Neuinvestitionen ausgeglichen wurde. Eine Wachstumsquote von kleiner als 100% signalisiert somit eine Schrumpfung des Unternehmens. Ein Wachstum liegt bei einer Wachstumsquote von mehr als 100% vor. Die Kennzahl darf nicht isoliert betrachtet werden. Außerdem ist eine Ursachenforschung notwendig, da hohe Wachstumsquoten nicht zwangsläufig eine ausreichende Zukunftsvorsorge bedeuten, wenn bspw. Investitionen nachgeholt werden müssen. Zusätzlich ist die Zusammensetzung des Sachanlagevermögens zu berücksichtigen. Ein Zeitvergleich der Kennzahl ist daher bei der Beurteilung ebenso notwendig wie die Berücksichtigung von Branchenwachstumsquoten sowie die Wachstumsquote der Gesamtwirtschaft.

Ein überbetrieblicher Vergleich kann aufgrund unterschiedlicher Abschreibungsmethoden und ggf. Nutzungsdauern erschwert werden. Zu weiteren Besonderheiten → Sachanlagenintensität.

Würdigung

- ➕ Indikator für die Investitionsintensität des Unternehmens. Abschätzung der Erhaltungs- und Erweiterungsinvestitionen möglich.

- ❗ Schwankungen aufgrund von Investitionszyklen möglich. Effizienzveränderungen sind bei der Interpretation der Kennzahl zu berücksichtigen.

- ➖ Höhe der Nettoinvestitionen kann über Leasing beeinflusst werden.

Growth rate (PPE)

2.10

also referred to as reinvestment rate

Formula

$$\frac{\text{PPE} - \text{net investment fiscal year}}{\text{PPE} - \text{depreciation fiscal year}} \times 100$$

(net investment = additions – disposals at net book value)

Example

$$\frac{2{,}945}{3{,}098} \times 100 = 95.06\,\%$$

Significance in the context of HGB

The growth rate expresses the investment surplus. It gives information about a company's provisions for the future. The greater the growth rate, the better provided the company is for the future. A growth ratio of 100% implies that asset depreciation is compensated by new investment. Therefore, a growth ratio of less than 100% signals shrinking. Growth is implicated by a growth ratio above 100%. This ratio must not be considered separately. A causal research is also necessary, since high growth rates do not necessarily involve sufficient future provisions, for instance, if investment has to catch up. Additionally, the composition of fixed tangible assets should be considered. Comparing the ratio over time is as necessary in the assessment as considering sector and overall economy growth rates.

An inter-company comparison may be impaired due to different depreciation methods and useful lives. For further peculiarities see also → fixed asset intensity.

Appraisal

+ Indicator for a company's investment intensity. Estimation of maintenance and expansion investments is possible.

! Fluctuations are possible due to investment cycles. Efficiency changes must be considered when interpreting this ratio.

− Amount of net investments can be influenced by leasing.

2.11 Investitionsdeckung (SAV)

Formel

$$\frac{\text{SAV} - \text{Abschreibungen des Geschäftsjahres}}{\text{SAV} - \text{Nettoinvestitionen des Geschäftsjahres}} \times 100$$

Beispiel

$$\frac{3.098}{2.945} \times 100 = 105{,}20\,\%$$

Aussagekraft und Besonderheit nach HGB

Die Investitionsdeckung beschreibt, in welchem Ausmaß Neuinvestitionen aus Abschreibungsgegenwerten „finanziert" wurden. Es handelt sich um den reziproken Wert der Wachstumsquote. Eine Investitionsdeckung unter 100% signalisiert, dass Erweiterungsinvestitionen getätigt wurden. Zu weiteren Informationen und Besonderheiten nach HGB → Wachstumsquote (SAV).

Würdigung

+ Indikator für die „Finanzierung" von Investitionen aus Abschreibungsgegenwerten. Abschätzung der Erhaltungs- und Erweiterungsinvestitionen möglich.

! Effizienzveränderungen sind bei der Interpretation der Kennzahl zu berücksichtigen.

− Höhe der Nettoinvestitionen kann über Leasing beeinflusst werden.

Investment coverage (PPE)

2.11

Formula

$$\frac{\text{PPE} - \text{depreciation fiscal year}}{\text{PPE} - \text{net investment fiscal year}} \times 100$$

Example

$$\frac{3,098}{2,945} \times 100 = 105.20\,\%$$

Significance in the context of HGB

Investment coverage describes the extent to which new investment is covered by the depreciation equivalent. It is the reciprocal of the growth rate. An investment coverage below 100% signals that expansion investments were made. For further information and pecularities following from HGB see also → growth rate.

Appraisal

- ➕ Indicates investment "coverage" by depreciation equivalents. Estimation of maintenance and expansion investments possible.
- ❗ Efficiency changes must be considered when interpreting this ratio.
- ➖ Amount of net investments can be influenced by leasing.

Kennzahlen zur Vermögenslage

2.12 Anlagenabnutzungsgrad (SAV)

auch Gesamtabschreibungsquote genannt

Formel

$$\frac{\text{kumulierte Abschreibungen SAV}}{\text{SAV-Endbestand (zu AHK)}} \times 100$$

Beispiel

$$\frac{15.340}{40.372} \times 100 = 38,00\,\%$$

Aussagekraft und Besonderheit nach HGB

Der Anlagenabnutzungsgrad informiert über die Altersstruktur des Anlagevermögens. Ein geringer Wert deutet auf einen neuen Sachanlagenbestand hin, während ein hoher Wert ein hohes durchschnittliches Alter der Sachanlagen und somit veraltete Produktionstechnologien und anstehenden Investitionsbedarf signalisiert. Bei einem Abnutzungsgrad von nahe 100% lebt das Unternehmen von seiner Substanz. Es besteht Investitionsbedarf, der die künftige Finanz- und Ertragslage negativ beeinflusst. Die Kennzahl wird von der Abschreibungspolitik des Unternehmens beeinflusst. Ergänzend sollte die → Abschreibungsquote betrachtet werden.

Ein überbetrieblicher Vergleich kann aufgrund unterschiedlicher Abschreibungsmethoden und ggf. Nutzungsdauern erschwert werden. Zu weiteren Besonderheiten → Sachanlagenintensität.

Würdigung

(+) Hinweis auf Altersstruktur der Anlagen und deren Produktionstechnologie. Signalisiert zukünftigen Investitionsbedarf.

(!) Geringe Aussagekraft bei Dienstleistungsunternehmen.

(−) Verzerrung durch Abschreibungspolitik und genutzte, aber noch nicht ausgebuchte Anlagen (Restbuchwert zum Erinnerungswert). Höhe der Sachanlagen kann über Leasing beeinflusst werden.

Degree of asset depreciation (PPE)

also referred to as total depreciation ratio

Formula

$$\frac{\text{cumulated depreciation on PPE}}{\text{historical costs at FY end}} \times 100$$

Example

$$\frac{15{,}340}{40{,}372} \times 100 = 38.00\,\%$$

Significance in the context of HGB

The degree of asset depreciation provides information about the fixed assets' age structure. A low value indicates recently renewed property, plant and equipment, while a high value indicates high average asset age and therefore outdated production technologies, signaling upcoming investment needs. At a degree of asset depreciation near 100% the company lives off of its substance. So there is a need for investments, which may adversely affect future finances and profits. This ratio is influenced by the company's depreciation policy. Additionally, the → asset depreciation ratio should be considered.

An inter-company comparison may be impaired due to different depreciation methods and useful lifes. For further pecularities vide → fixed asset intensity.

Appraisal

➕ Indicates assets' age structure and production technologies. Signals future investment needs.

❗ Low informative value for service companies.

➖ Distortions due to depreciation policy and used, but not yet derecognized assets (net book value at memo value). Amount of assets can be influenced by leasing.

Kennzahlen zur Vermögenslage

2.13 Abschreibungsquote (SAV)

Formel

$$\frac{\text{Abschreibungen SAV des GJ}}{\text{SAV-Endbestand (zu AHK)}} \times 100$$

Beispiel

$$\frac{3.098}{40.372} \times 100 = 7{,}67\%$$

Aussagekraft und Besonderheit nach HGB

Die Abschreibungsquote ist eine Kennzahl zur Beurteilung des Investitionsbedarfs, die ergänzend zum → Anlagenabnutzungsgrad herangezogen werden kann. Je höher die Abschreibungsquote, umso kürzer ist die Nutzungsdauer mit der Folge eines größeren Investitionsbedarfs. Eine hohe Abschreibungsquote bedeutet gleichzeitig eine schnellere Erneuerung und Modernisierung des Anlagenbestandes. Demgegenüber signalisiert eine geringe Abschreibungsquote verbunden mit einem hohen Anlagenabnutzungsgrad und geringen Zugängen eine Schrumpfung des Unternehmens.

Eine Analyse der Abschreibungsquote im Zeitablauf gibt Aufschluss über die Abschreibungspolitik des Unternehmens. Beim Branchenvergleich wird erkennbar, ob das Unternehmen ggf. über den branchenüblichen Abschreibungen liegt, stille Reserven bildet und somit einen niedrigeren Gewinnausweis anstrebt. Eine steigende Quote kann auf die Bildung stiller Reserven hindeuten. Es ist eine differenzierte Betrachtung einzelner Positionen des SAV zu empfehlen.

Zu Besonderheiten nach HGB → Anlagenabnutzungsgrad (SAV) sowie → Sachanlagenintensität.

Würdigung

➕ Zeitvergleich erlaubt Aussagen über notwendigen Investitionsbedarf. Gibt Aufschluss über die Abschreibungspolitik des Unternehmens.

❗ Verzerrungen durch Änderung der SAV-Zusammensetzung sowie durch voll abgeschriebene Anlagen.

➖ Veränderte Kennzahlen bei starkem Unternehmenswachstum. Höhe der Sachanlagen kann über Leasing beeinflusst werden.

Depreciation rate (PPE)

Formula

$$\frac{\text{depreciations PPE fiscal year}}{\text{historical costs at FY end}} \times 100$$

Example

$$\frac{3,098}{40,372} \times 100 = 7.67\%$$

Significance in the context of HGB

Depreciation rate is a ratio to evaluate investment needs, which can be consulted complementarily to the → degree of asset depreciation. The higher the depreciation rate, the shorter the useful life causing higher investment needs. At the same time a higher depreciation rate means quicker renewal and modernization of assets. In contrast, a low depreciation rate combined with a high degree of asset depreciation and little additions signals shrinking of the company.

Analyzing the depreciation rate over time exposes the company's depreciation policy. By sectoral comparison, it is possible to identify if the company depreciates more than the sectoral average, creating hidden reserves and therefore reporting low income. A rising ratio may indicate the creation of hidden reserves. A differentiated view on separate PPE items is recommended.

For pecularities according to HGB see also → Degree of asset depreciation (PPE) and → fixed asset intensity.

Appraisal

+ A comparison over time reveals necessary investment needs. Exposes the company's depreciation policy.

! Distortions due to changes in the PPE structure as well as fully depreciated assets.

− Varying ratios during high growth. Amount of assets can be influenced by leasing.

2.14 Investiertes Kapital

Formel   **Rechenbeispiel**

Eigenkapital	14.570 Mio. €
+ langfristige Rückstellungen	11.322 Mio. €
+ zinstragendes Fremdkapital	21.753 Mio. €
= investiertes Kapital	47.645 Mio. €

Aussagekraft und Besonderheit nach HGB

Das investierte Kapital beschränkt sich auf das Kapital, das dem eigentlichen Geschäftszweck dient und gilt als verzinstes und kostenverursachendes Kapital. Die Kapitalkosten für das investierte Kapital werden im Rahmen der Unternehmensanalyse dem Gewinn gegenübergestellt. Das Unternehmen erwirtschaftet nur dann einen Gewinn, wenn die Kapitalkosten auf das investierte Kapital gedeckt sind (siehe auch → EVA).

Abweichend von der o. g. Ermittlung können bei der Berechnung des investierten Kapitals zusätzlich die Barwerte von Off-Balance-Sheet-Positionen Berücksichtigung finden, wie z. B. die Kapitalisierung von Leasingaufwendungen oder Lizenzeinnahmen. Rückstellungen sind gem. HGB nicht nach Fristigkeiten zu gliedern. Zu den langfristigen Rückstellungen zählen insb. Pensionsrückstellungen.

Zu berücksichtigen ist, dass eine ggf. im Anhang angegebene Deckungslücke nicht als Fremdkapital passiviert wurde. Daher ist eine Bereinigung zu empfehlen. Dies führt zu einem höheren Wertansatz der Rückstellung und wegen des unveränderten Gesamtkapitals zu einer Erhöhung des Kennzahlenwerts.

Anstelle des ausgewiesenen Eigenkapitals kann das → bilanzanalytische Eigenkapital verwendet werden.

Würdigung

- (+) Liefert Aussagen über das für die Geschäftstätigkeit eingesetzte Kapital. Bietet eine Grundlage für die Ermittlung der Rentabilität der betrieblichen Tätigkeit (siehe auch → Betriebsergebnisrentabilität). Zusätzliche Einbeziehung von Off-Balance-Sheet-Positionen ist eine sinnvolle Anpassung der reinen Bilanzwerte.
- (!) Zahlreiche Anpassungen bieten Gestaltungsspielräume.
- (−) Verschiedene Berechnungsmöglichkeiten erschweren die Vergleichbarkeit.

Invested capital

2.14

Formula	Calculation Example
Equity	14,570 € million
+ non-current provisions	11,322 € million
+ interest bearing debts	21,753 € million
= invested capital	47,645 € million

Significance in the context of HGB

Invested capital is restricted to capital which serves the actual business purpose. It stands for interest bearing and cost-incurring capital. The capital costs on invested capital represent a crucial factor, which is contrasted with earnings. The company can only generate profits, if capital costs on invested capital are covered (see also → EVA).

Deviating from the calculation above, additional off-balance sheet items' present values may be considered, for example capitalized leasing expenses or license income. According to HGB, provisions are not to be structured as per maturity. Long-term provisions include pensions, primarily.

It must be considered, that a coverage gap – possibly reported in the notes – did not enter the liabilites as borrowed capital. A correction is therefore necessary. This will lead to a higher reported value of provisions and an incease in the ratio's value for unchanged total capital.

Instead of reported equity → balance sheet analytical equity may be used as well.

Appraisal

+ Information about the capital invested for business purposes. Provides a basis for determining operating activity's profitability (see also → operating result profitability). It is reasonable to adjust balance sheet values by including off-balance sheet items.

! Numerous adjustments offer leeway.

− Various calculation methods impede comparability.

2.15 Umschlagshäufigkeit des Gesamtvermögens

auch Kapital-/Vermögensumschlagshäufigkeit genannt

Formel

$$\text{Umschlagshäufigkeit des Gesamtvermögens} = \frac{\text{Umsatz}}{\text{Gesamtvermögen}}$$

$$\text{Umschlagshäufigkeit des betriebsnotwendigen Vermögens} = \frac{\text{Umsatz}}{\text{betriebsnotwendiges Vermögen}}$$

Beispiel

$$\frac{56.675}{73.822} = 0,77 \text{ mal}; \quad \frac{56.675}{73.822 - 10.314 - 2.751} = 0,93 \text{ mal}$$

Aussagekraft und Besonderheit nach HGB

Die Umschlagshäufigkeit des Gesamtvermögens beschreibt, wievielmal die Vermögensposten in der Periode umgeschlagen bzw. wie oft das eingesetzte Vermögen „verflüssigt" wurde. Anstelle des Gesamtvermögens kann auch das betriebsnotwendige Vermögen (= Gesamtvermögen – Finanzvermögen) verwendet werden. Je höher die Umschlagshäufigkeit, desto größer ist die Wirtschaftlichkeit des Vermögenseinsatzes. Hohe Umschlagshäufigkeiten erhöhen den Innenfinanzierungsspielraum. Zu beachten ist, dass Veränderungen der Fertigungsstruktur und des Produktionsprogramms die Kennzahl beeinflussen.

Die Kennzahl korrespondiert mit dem Grad der Anlagenintensität. Geringe Umschlagshäufigkeiten signalisieren hohe Fixkosten. Bspw. führt eine zunehmende Automatisierung zu einer Senkung der Umschlagshäufigkeit. Siehe auch → Bindungsdauer des Vorratsvermögens. Diese Kennzahl kann wie folgt in Tagen ausgedrückt werden: 365/0,77 = 475 Tage; d. h. es dauert 475 Tage, bis der Wert des Gesamtvermögens einmal „verdient" wurde.

Zu Besonderheiten nach HGB → Anlagenintensität.

Würdigung

➕ Zeitvergleich unter Berücksichtigung realwirtschaftlicher Hintergründe möglich. Aussage über Kapitalbindung bzw. Umschlagsdauer sowie Wirtschaftlichkeit des Vermögenseinsatzes.

❗ Betriebsvergleich setzt vergleichbare Branche sowie Stand der Technologie und Fertigungsstruktur voraus. Nicht betriebsnotwendiges Vermögen oder Grundstücke und Gebäude können die Kennzahl erheblich beeinflussen.

Total asset turnover

also referred to as capital-/asset turnover ratio

Formula

$$\text{total asset turnover} = \frac{\text{revenue}}{\text{total assets}}$$

$$\text{turnover ratio of operating assets} = \frac{\text{revenue}}{\text{operating assets}}$$

Example

$$\frac{56{,}675}{73{,}822} = 0.77 \text{ times}; \quad \frac{56{,}675}{73{,}822 - 10{,}314 - 2{,}751} = 0.93 \text{ times}$$

Significance in the context of HGB

The total asset turnover describes how often assets were turned per period with respect to how often assets were turned into money. Instead of total assets, operating assets (= total assets – financial assets) may be used as well. The higher the turnover ratio, the higher the profitability of asset investment. High turnover ratios increase leeway for internal financing. Attention should be paid to changes in the manufacturing structure and production program, which can influence the ratio.

This ratio corresponds to fixed asset intensity. Low turnover ratio usually signals high fixed costs. Increasing automation, for example, leads to a lower turnover ratio. See also → Commitment period of inventories. The turnover ratio can also be expressed in days: 365/0.77 = 475 days; i.e. it takes 475 days until the value of total assets is brought in.

For peculiarities according to HGB see also → fixed asset intensity.

Appraisal

+ Time comparison is possible under consideration of real economic backgrounds. Statements about capital commitment respectively turnover time as well as profitability of asset investment.

! Company comparison requires a similar sector, technological standard and manufacturing structure. Non-operating assets or land and buildings can influence this ratio considerably.

Kennzahlen zur Vermögenslage

2.16 Umschlagshäufigkeit des Sachanlagevermögens

auch Kapital-/Vermögensumschlagshäufigkeit des Sachanlagevermögens genannt

Formel

$$\frac{\text{Umsatz}}{\text{Sachanlagevermögen}}$$

Beispiel

$$\frac{56.675}{25.032} = 2{,}26 \text{ mal}$$

Aussagekraft und Besonderheit nach HGB

Analog zur Umschlagshäufigkeit des Gesamtvermögens beschreibt die Umschlagshäufigkeit des Sachanlagevermögens, wievielmal das Sachanlagevermögen umgeschlagen wurde. Eine Reduzierung des Wertes bedeutet eine Senkung der Einsatzdauer des Sachanlagevermögens. Geringe Umschlagshäufigkeiten liegen bspw. bei Unternehmen der Schwerindustrie vor. Anstelle des Sachanlagenbestandes kann der durchschnittliche Bestand verwendet werden. Leasing kann den Kennzahlenwert beeinflussen.

Diese Kennzahl kann wie folgt in Tagen ausgedrückt werden: 365/2,26 = 162 Tage; d. h. es dauert 162 Tage, bis der Wert des Sachanlagevermögens einmal „verdient" wurde.

Unterschiedliche Abschreibungsmethoden und ggf. Nutzungsdauern sowie Leasingbilanzierung erschweren eine überbetriebliche Vergleichbarkeit. Zu Besonderheiten nach HGB → Sachanlagevermögensintensität.

Würdigung

- ⊕ Aussage über Kapitalbindung bzw. Umschlagsdauer möglich.
- ❗ Betriebsvergleich setzt vergleichbare Branche sowie Stand der Technologie und Fertigungsstruktur voraus. Nicht betriebsnotwendiges Vermögen oder Grundstücke und Gebäude können die Kennzahl erheblich beeinflussen.
- ⊖ Abschreibungspolitik und Leasing beeinflussen den Kennzahlenwert.

Turnover ratio of property, plant and equipment (PPE) — 2.16

also referred to as capital-/asset turnover ratio of property, plant and equipment (PPE)

Formula

$$\frac{\text{revenue}}{\text{PPE}}$$

Example

$$\frac{56{,}675}{25{,}302} = 2.26 \text{ times}$$

Significance in the context of HGB

Analogous to the total asset turnover, turnover ratio of property, plant and equipment describes, how often property, plant and equipment were turned. A reduced value implies a decrease in property, plant and equipments' period of use. Heavy industry, for example, shows low turnover ratios. Instead of the property, plant and equipments' carrying amount the average can be used as well. Leasing may affect this ratio's value.

It can also be expressed in days: 365/2.26 = 162 days; i.e. it takes 162 days until the value of property, plant and equipment is brought in.

Different depreciation methods and useful life, as well as lease accounting impede inter-company comparability. For pecularities according to HGB see also → property, plant and equipment intensity.

Appraisal

+ Statements about capital commitment and turnover time possible.

! Company comparison requires a similar sector, technological standard and manufacturing structure. Non-operating assets or land and buildings can influence this ratio considerably.

− Depreciation policy and leasing influence this ratio's value.

2.17 Umschlagshäufigkeit des Umlaufvermögens

auch Kapital-/Vermögensumschlagshäufigkeit des Umlaufvermögens genannt

Formel

$$\frac{\text{Umsatz}}{\text{Umlaufvermögen}^*}$$

* Umlaufvermögen zzgl. aktiver Rechnungsabgrenzungsposten (ohne Disagio)

Beispiel

$$\frac{56.675}{30.677} = 1,85 \text{ mal}$$

Aussagekraft und Besonderheit nach HGB

Die Umschlagshäufigkeit des Umlaufvermögens beschreibt, wievielmal das Umlaufvermögen in einer Periode umgeschlagen wurde. Die Kennzahl informiert über die Wirtschaftlichkeit des Vermögenseinsatzes. Die Wirtschaftlichkeit des Vermögenseinsatzes ist größer, je höher die Umschlagshäufigkeit ist. Hohe Umschlagshäufigkeiten erhöhen den Innenfinanzierungsspielraum. Die Umschlagshäufigkeit kann erhöht werden, indem der Lagerbestand reduziert wird (z. B. Just-in-time-Fertigung), aktives Forderungsmanagement betrieben wird, Forderungen abgebaut werden (z. B. Factoring) oder der Kassenbestand (z. B. durch Reinvestition) reduziert wird. Die Umschlagshäufigkeit des Umlaufvermögens ist im Handel eine wichtige Kennzahl für die Steuerung der Warenwirtschaft. Anstelle der Bestandsgröße kann der durchschnittliche Bestand des Umlaufvermögens verwendet werden. Siehe auch → Bindungsdauer des Vorratsvermögens.

Die Umschlagshäufigkeit kann wie folgt in Tagen ausgedrückt werden: 365/1,85 = 198 Tage; d. h. es dauert 198 Tage, bis der Wert des Umlaufvermögens einmal „verdient" wurde.

Zu Besonderheiten nach HGB → Umlaufintensität.

Würdigung

- ⊕ Aussage über Kapitalbindung bzw. Umschlagsdauer sowie über Wirtschaftlichkeit des Umsatzprozesses.
- ❗ Betriebsvergleich setzt vergleichbare Produkte voraus.

Turnover ratio of current assets

also referred to as capital-/asset turnover ratio of current assets

Formula

$$\frac{\text{revenue}}{\text{current assets*}}$$

* current assets plus accruals (without debt discount)

Example

$$\frac{56,675}{30,677} = 1.85 \text{ times}$$

Significance in the context of HGB

The turnover ratio of current assets describes how often current assets were turned per period. It gives information about the profitability of asset investments. Profitability of asset investments are higher, the greater the turnover ratio is. High turnover ratios increase leeway for internal financing. The turnover ratio can be increased by reducing inventory (e.g. just-in-time production), practicing active receivables management, reducing receivables (e.g. factoring) or lowering cash reserves (e.g. by reinvestment). In trade, the turnover ratio is important for controlling commodities management. Instead of the actual stock the average of current assets can be used as well. See also → commitment period of inventories.

The turnover ratio can also be expressed in days: 365/1.85 = 198 days; i.e. it takes 198 days until the value of current assets is brought in.

For peculiarities according to HGB see also → current asset intensity.

Appraisal

➕ Statements about capital commitment and turnover time and profitability.

❗ Company comparison requires similar products.

Kennzahlen zur Vermögenslage

2.18 Bindungsdauer des Vorratsvermögens

auch Umschlagsdauer des Vorratsvermögens genannt

Formel

$$\text{Bindungsdauer des Vorratsvermögens} = \frac{\text{Vorratsbestand}}{\text{Umsatz}} \times 365 \text{ Tage}$$

$$\text{Bindungsdauer der RHB-Bestände} = \frac{\text{RHB-Bestand}}{\text{Umsatz}} \times 365 \text{ Tage}$$

Beispiel

$$\frac{6.735}{56.675} \times 365 = 44 \text{ Tage}; \quad \frac{1.114}{56.675} \times 365 = 8 \text{ Tage}$$

Aussagekraft und Besonderheit nach HGB

Die Bindungsdauer des Vorratsvermögens gibt an, in wie vielen Tagen der Wert der Vorräte durch den Umsatz „verdient" wurde. Die Bindungsdauer ist der reziproke Wert der Umschlagshäufigkeit. Es wird unterstellt, dass die Refinanzierung über den Umsatz erfolgt.

Um einen gleichbleibenden Kennzahlenwert zu erreichen, muss die Lagerhaltung an die Umsatzentwicklung angepasst werden. Sinkt die Kennzahl im Zeitablauf, ist dies grundsätzlich positiv zu bewerten. Diese Kennzahl sollte möglichst niedrig sein, weil das gebundene Vorratsvermögen keine Rendite erwirtschaftet. Zusätzlich kann die Bindungsdauer des Vorratsvermögens differenziert nach den Unterpositionen Erzeugnisbestand (fertige und unfertige Erzeugnisse) und RHB-Stoffe betrachtet werden. Die Beurteilung der Kennzahl ist branchenspezifisch vorzunehmen.

Zu Besonderheiten → Vorratsintensität sowie → Umlaufintensität.

Würdigung

➕ Aussage über die Wirtschaftlichkeit des Umsatzprozesses. Im Zeitvergleich ist das Optimierungspotenzial erkennbar.

❗ Betriebsvergleich setzt eine gleiche Branche, ein gleiches Produktionsprogramm und gleiche Fertigungstiefe voraus.

➖ Einmaleffekte (Stichtagsbetrachtung) oder Kommissionsware (insbesondere bei Handelsunternehmen) können zu Kennzahlenverzerrungen führen.

Commitment period of inventories 2.18

also referred to as inventory turnover time

Formula

$$\text{commitment period of inventories} = \frac{\text{inventories}}{\text{revenue}} \times 365 \text{ days}$$

$$\text{commitment period of raw materials and supplies} = \frac{\text{raw materials and supplies inventory}}{\text{revenue}} \times 365 \text{ days}$$

Example

$$\frac{6{,}735}{56{,}675} \times 365 = 44 \text{ days}; \quad \frac{1{,}114}{56{,}675} \times 365 = 8 \text{ days}$$

Significance in the context of HGB

The commitment period of current assets indicates how many days it takes for the value of inventories to be "earned" by revenue. The commitment period is the reciprocal of the turnover ratio. Refinancing is deemed to result from revenue.

In order to achieve a constant ratio value, the warehouse management must adapt to revenue trends. A decrease of the ratio over time can be seen as inherently positive. In fact, this ratio should be kept as low as possible, since tied up inventory does not generate return. Additionally, the commitment period of inventories can be viewed in a more differentiated view, separated according to the sub-items product inventory (finished and unfinished products) and raw materials and supplies. This ratio is sector-specific.

For pecularities see also → inventory intensity and → current asset intensity.

Appraisal

➕ Statements about the revenue process' profitability. Over time, the potential for optimization is discernible.

❗ Company comparison requires a similar sector, production program as well as manufacturing penetration.

➖ One-time effects (closing date measurement) or consignment goods (especially for trading companies) may lead to distortions in the ratio's value.

2.19 Beschäftigung (= Kapazitätsauslastung)

Formel

$$\frac{\text{Umsatz}}{\text{SAV-Endbestand (zu AHK)}} \times 100$$

Beispiel

$$\frac{56.675}{40.372} \times 100 = 140{,}38\,\%$$

Aussagekraft und Besonderheit nach HGB

Die Beschäftigung bzw. Kapazitätsauslastung wird gemessen, indem der Umsatz in Relation zu den historischen Anschaffungs- oder Herstellungskosten des Sachanlagenbestandes gesetzt wird. Erstere ist ein Indikator für die Produktion; letztere ein Indikator für die Unternehmenskapazität. Zusammen mit der Kennzahl Sachanlagenintensität können Aussagen über die Kapazitätsauslastung gemacht werden. Je geringer die Sachanlagenintensität, desto höher ist die Beschäftigung (bzw. Kapazitätsauslastung). Gleichzeitig ist das Investitionsrisiko gering. Eine geringe Kapazitätsauslastung kann ein Signal für Fehlinvestitionen der Vergangenheit sein.

Ein überbetrieblicher Vergleich kann aufgrund unterschiedlicher Abschreibungsmethoden und ggf. Nutzungsdauern erschwert werden. Zu weiteren Besonderheiten → Sachanlagenintensität.

Würdigung

- ➕ Informiert bei gleichzeitiger Berücksichtigung der Sachanlagenintensität über das Investitionsrisiko. Ist ein Indikator für Fehlinvestitionen der Vergangenheit.
- ❗ Branchenvergleich setzt vergleichbares Produktionsprogramm und Fertigungstiefe voraus.
- ➖ Aussagekraft eingeschränkt, da beeinflussbar durch Investitions- und Abschreibungspolitik.

Capacity utilization

2.19

Formula

$$\frac{\text{revenue}}{\text{PPE (acquisition and manufacturing costs at FY end)}} \times 100$$

Example

$$\frac{56{,}675}{40{,}372} \times 100 = 140.38\,\%$$

Significance in the context of HGB

Capacity utilization is measured by putting revenue in relation to the historical acquisition and manufacturing costs of property, plant and equipment. The former indicates production, the latter indicates company capacity. In combination with the property, plant and equipment intensity ratio, statements about the capacity utilization are possible. The lower the property, plant and equipment intensity, the higher the capacity utilization. At the same time investment risk is low. Low capacity utilization may be a signal for past misinvestment.

Inter-company comparison may be impaired due to different depreciation methods and possibly useful lifes. For further pecularities → fixed asset intensity

Appraisal

+ With simultaneous consideration of property, plant and equipment intensity it informs about investment risk. Indicates past misinvestment.

! Sector comparison requires a similar production program as well as manufacturing penetration.

− Informative value limited, since susceptible to investment and depreciation policy.

2.20 Investitionen in % des Umsatzes

Formel

$$\frac{\text{Summe Nettoinvestitionen}}{\text{Umsatz}} \times 100$$

(Nettoinvestitionen = Zugänge – Abgänge zu Restbuchwerten)

Beispiel

$$\frac{4.711^*}{56.675} \times 100 = 8{,}31\,\%$$

* = 2.945 + 1.077 + 689

Aussagekraft und Besonderheit nach HGB

Diese Kennzahl zeigt den Anteil der gesamten Nettoinvestitionen in das Anlagevermögen am Umsatz. Im Zeitvergleich gibt diese Kennzahl Aufschluss darüber, wie sich die Investitionstätigkeit bei steigendem (fallendem) Umsatz verhält oder ob Umsatzhöhe und Investitionstätigkeit sich unabhängig voneinander entwickeln. Eine langfristige Betrachtung der Kennzahl ist erforderlich, weil Investitionen sich häufig in Schüben verändern. Diese Kennzahl ist zusammen mit anderen Investitions-/Finanzkennzahlen zu interpretieren, z. B. → Selbstfinanzierungsgrad.

Ein überbetrieblicher Vergleich kann aufgrund unterschiedlicher Abschreibungsmethoden und ggf. Nutzungsdauern erschwert werden. Zu weiteren Besonderheiten → Investitionsquote.

Würdigung

+ Dient der Ermittlung der Investitionsintensität gemessen am Umsatz.
! Berücksichtigung weiterer Kennzahlen (z. B. → Investitionsdeckung (SAV), → Selbstfinanzierungsgrad) notwendig.
− Eher geringe Aussagekraft, insb. bei hohem Bestand an Grundstücken und Gebäuden oder Investitionsschüben. Off-Balance-Sheet-Positionen bleiben unberücksichtigt.

Investment as percentage of revenue

2.20

Formula

$$\frac{\text{total net investment}}{\text{revenue}} \times 100$$

(net investment = additions − disposals at net book value)

Example

$$\frac{4{,}711^*}{56{,}675} \times 100 = 8.31\,\%$$

* = 2,945 + 1,077 + 689

Significance in the context of HGB

This ratio reveals the proportion of revenue committed to total net investment in fixed assets. Over time, it shows whether investment activities develop as sales increase (decrease) or whether revenue and investment activity develop independently from each other. A long-term observation is necessary, since investment activity often runs in waves. This ratio is to be interpreted along with other investment-/financial ratios, e.g. → self-financing rate.

Inter-company comparison may be impaired due to different depreciation methods and possibly useful lifes. For further pecularities see also → investment ratio.

Appraisal

- ⊕ Captures investment intensity measured by revenue
- ❗ Consideration of further ratios (e.g. → investment coverage (PPE), → self-financing ratio) necessary
- ⊖ Informative value rather low, especially at a high level of land and building or during investment boosts. Off-balance sheet items are disregarded.

2.21 Sachanlagen zu Umsatz

Formel

$$\frac{\text{Sachanlagevermögen}}{\text{Umsatz}} \times 100$$

Beispiel

$$\frac{25.032}{56.675} \times 100 = 44{,}17\,\%$$

Aussagekraft und Besonderheit nach HGB

Diese Kennzahl gewährt eine Aussage darüber, wie hoch der Anteil des Sachanlagevermögens (zu Buchwerten) an den erzielten Umsätzen ist, und zeigt, wie anlagenintensiv der Produktionsprozess ist. Diese Kennzahl ist zusammen mit anderen Kennzahlen zu interpretieren, z. B. → Investitionsdeckung (SAV), → Wachstumsquote (SAV) und → Investitionsquote (SAV). Zur besseren Einordnung des Kennzahlenwerts ist ein Zeitvergleich und ein Betriebsvergleich mit Wettbewerbern unter Berücksichtigung der Nutzungsdauern der verwendeten Anlagen sinnvoll. Im Zeitvergleich gibt diese Kennzahl Aufschluss darüber, wie sich die Höhe des ausgewiesenen Sachanlagenbestandes bei steigendem (fallendem) Umsatz verhält oder ob Umsatzhöhe und Buchwert von Sachanlagen sich unabhängig voneinander entwickeln.

Ein überbetrieblicher Vergleich kann aufgrund unterschiedlicher Abschreibungsmethoden und ggf. Nutzungsdauern erschwert werden. Zu weiteren Besonderheiten → Sachanlagenintensität.

Würdigung

➕ Gibt im Zeitvergleich Aufschluss über die Produktionseffizienz. Indikator für notwendige Erweiterungsinvestitionen bei gegebener Umsatzplanung (setzt eine Beziehung zwischen SAV und Umsatz voraus).

❗ Berücksichtigung weiterer Kennzahlen (z. B. Investitionsdeckung (SAV), Wachstumsquote (SAV)) notwendig.

➖ Eher geringe Aussagekraft, insb. bei hohem Bestand an Grundstücken und Gebäuden. Off-Balance-Sheet-Positionen bleiben unberücksichtigt.

Ratio of property, plant and equipment (PPE) to revenue

2.21

Formula

$$\frac{\text{PPE}}{\text{revenue}} \times 100$$

Example

$$\frac{25{,}032}{56{,}675} \times 100 = 44.17\,\%$$

Significance in the context of HGB

This ratio gives information about the assets' fraction (at book value) of revenue. It shows how capital intensive the manufacturing process is. This ratio is to be interpreted along with other ratios, e.g. → investment coverage (PPE), → growth rate (PPE) and → investment ratio (PPE). To enable better understanding of the ratio's value it is necessary to perform a time and intercompany comparison with competitors while considering the useful life of assets installed. Over time, this ratio offers information about how the amount of reported property, plant and equipment react to increasing (decreasing) revenue or whether revenue and reported property, plant and equipment develop independently from each other.

Inter-company comparison may be impaired due to different depreciation methods and possibly useful lives. For further pecularities → property, plant and equipment (PPE) intensity.

Appraisal

➕ Reveals production efficiency over time. Indicates the necessary expansion investment required by a given sales plan (requires a relation between PPE and revenue)

❗ Consideration of further ratios (e.g. investment coverage (PPE), growth rate (PPE)) necessary

➖ Informative value rather low, especially at a high level of land and building; off-balance sheet items are disregarded.

Kennzahlen zur Vermögenslage

2.22 Stille Reserven/stille Lasten

Formel		Beispiel
+/−	quantitativ benannte stille Reserven/Lasten	615,06 Mio. €*
=	stille Reserven/Lasten I	615,06 Mio. €
+/−	geschätzte stille Reserven/Lasten	0,00 Mio. €
=	stille Reserven/Lasten II	615,06 Mio. €

Hinweis

Der Betrag der stillen Reserven ergibt sich aus dem Zeit-/Buchwertvergleich für die Positionen Wertpapiere des Anlagevermögens (= 6.021 − 5.344) und der angabepflichtigen Lifo-Reserve (127) korrigiert um *Latente Steuern* (= 1 − 0,235 (bei Steuersatz 23,5%)) wie folgt:

$$* = (6.021 - 5.344) \times (1 - 0,235) + 127 \times (1 - 0,235) \rightarrow \text{weitere Angaben (Kapitel 1.3)}$$

Aussagekraft und Besonderheit nach HGB

Stille Reserven/Lasten sind Teile des Eigenkapitals, die nicht direkt aus der Bilanz erkennbar sind. Die Bildung stiller Reserven (Lasten) erfolgt durch eine Unterbewertung (Überbewertung) oder Nicht-Aktivierung aktivierungsfähiger Vermögensgegenstände und eine Überbewertung (Unterbewertung) der Schulden.

Diese Abweichungen zwischen den im Zahlenwerk des Abschlusses ausgewiesenen und den betriebswirtschaftlich als Ausdruck der wirtschaftlichen Lage als zutreffend anzusehenden Werten müssen im Rahmen der Analyse systematisch herausgearbeitet werden, bspw. Berechnung des → bereinigten Eigenkapitals oder des bereinigten Jahresergebnisses (→ Jahresergebnis).

Stille Reserven liegen bei Bilanzierung nach HGB z. B. in Höhe der angabepflichtigen Lifo-Reserve sowie der Differenz zwischen Buchwert von Grundstücken und Gebäuden und höheren Zeitwerten (freiwillige Angabe oder Schätzung) vor. Stille Lasten spiegeln sich z. B. in den angabepflichtigen Deckungslücken von Pensionsverpflichtungen nach Art. 28 Abs. 1 EGHGB wider.

Würdigung

+ Aufdeckung der stillen Reserven/Lasten ermöglicht die Berücksichtigung der tatsächlichen (bereinigten) Bilanzwerte für analytische Zwecke.

! Parallele Ermittlung von Kennzahlen auf der Basis des bereinigten Eigenkapitals ist zu empfehlen.

− Die Verlässlichkeit der geschätzten stillen Reserven/Lasten ist abhängig von den zugrunde gelegten Prämissen.

Hidden reserves/hidden liabilities 2.22

Formula		Example
+/−	quantitatively designated hidden reserves/liabilities	615.06 € million*
=	hidden reserves/liabilities I	615.06 € million
+/−	estimated hidden reserves/liabilities	0.0 € million
=	hidden reserves/liabilities II	615.06 € million

Note

The amount of hidden reserves results from comparing time and book value of securities (non-current assets) (= 6,021 − 5,344) and LIFO-reserve (disclosure requirement) (127), adjusted for deferred taxes (= 1 − 0.235), as follows:

* = (6,021 − 5,344) × (1 − 0.235) + 127 × (1 − 0.235) → further disclosures (chapter 1.3)

Significance in the context of HGB

Hidden reserves/liabilities are that part of equity, which can't be identified from the balance sheet directly. Hidden reserves (liabilities) are the result of undervaluation (overvaluation) or non-capitalization of capitalizable assets and overvaluation (undervaluation) of liabilities.

These deviations between reported figures and values, which accurately reflect the economic situation, need to be worked out in the course of the analysis, e.g. determining → adjusted equity or adjusted annual result (→ annual result).

Under HGB accounting, hidden reserves exist in the LIFO reserves (disclosure requirement), the difference between reported properties and buildings at acquisition costs and higher fair values (optional disclosure or estimation), for example. Hidden liabilities are reflected, for example, in the funding gaps of pension obligations according to article 28(1) EGHGB (disclosure requirement).

Appraisal

- ➕ Disclosing hidden reserves/liabilities allows consideration of actual (adjusted) balance sheet values for analytical purposes.
- ❗ Parallel determination of ratios, based on adjusted equity, is recommended.
- ➖ Reliability of estimated hidden reserves/liabilities depends on underlying assumptions.

2.23 Kundenziel

auch Debitorenlaufzeit oder Bindungsdauer der Forderungen aus L+L genannt

Formel

$$\frac{\text{(durchschnittlicher) Forderungsbestand aus L+L}}{\text{Umsatz}} \times 365 \text{ Tage}$$

Beispiel

$$\frac{14.765^*}{56.675} \times 365 = 96 \text{ Tage}$$

* = (14.322 + 15.208) / 2

Aussagekraft und Besonderheit nach HGB

Das Kundenziel gibt die durchschnittliche Zeit an, in der die Umsatzerlöse liquiditätswirksam werden, und ist somit eine Kennzahl zur Beschreibung der Liquidität des Unternehmens. Je länger das Kundenziel, desto schlechter ist die Zahlungsmoral der Kunden und/oder das Forderungsmanagement im Unternehmen. Bei Liquiditätsengpässen kann das Unternehmen durch Gewährung von Skonti, Verbesserung des Mahnwesens, Umstellung auf Lastschrifteinzug oder Factoring liquide Mittel erlangen. Daraus folgend kann eine Verkürzung der Debitorenlaufzeit signalisieren, dass Maßnahmen zur Beschaffung von liquiden Mitteln eingeleitet wurden, um anstehenden Kapitalbedarf zu decken. Kürzere Debitorenlaufzeiten bedeuten eine geringere Zinsbelastung des Kreditors und ein geringeres Risiko des Forderungsausfalls.

Würdigung

➕ Forderungen und Umsatz sind kaum bilanzpolitisch beeinflussbar.

❗ Beim Zeitvergleich sind saisonale und konjunkturelle Einflüsse zu berücksichtigen. Beim Betriebsvergleich sind das Forderungsmanagement sowie unterschiedliche Absatzsituationen zu berücksichtigen.

➖ Rückschluss auf die Liquidität ist nur bedingt möglich, da bspw. weder Zahlungsfristen noch anstehende Auszahlungen und liquide Mittel (Kassenbestand) betrachtet werden.

Customer payment target

also referred to as days of sales outstanding (DSO) or commitment period of account receivables

Formula

$$\frac{\text{(average) amount of accounts receivable}}{\text{revenue}} \times 365 \text{ days}$$

Example

$$\frac{14{,}765^*}{56{,}675} \times 365 = 96 \text{ days}$$

* = (14,322 + 15,208) / 2

Significance in the context of HGB

The customer payment target specifies the average time period after which sales revenues turn into cash. It is a ratio to describe the company's liquidity. The longer the customer payment target the worse the customers' payment behavior and/or claims management in the company. During liquidity shortfalls the company can grant cash discounts, improve dunning, switch to direct debit or factoring, in order to obtain liquid assets. Consequentially, reducing days of sales outstanding (DSO) might signal measures of liquid asset procurement in order to satisfy upcoming capital needs. A smaller DSO means a smaller interest burden for the creditor and a lower default risk on receivables.

Appraisal

➕ Receivables and revenue are barely possible to influence by accounting policy.

❗ Consideration of seasonal and cyclical impacts is necessary, when making time comparisons. Claims management and different sales situations are to be considered when making an intercompany comparison.

➖ Conclusions regarding liquidity are only possible to a limited extent, since, for example, neither payment targets nor upcoming payments and liquid assets (cash on hand) are regarded.

2.24 Debitorenumschlag

Formel

$$\frac{\text{Umsatz}}{\text{(durchschnittlicher) Forderungsbestand aus L+L}}$$

Beispiel

$$\frac{56.675}{14.765^*} = 3,84 \text{ mal}$$

* = (14.322 + 15.208) / 2

Aussagekraft und Besonderheit nach HGB

Der Debitorenumschlag ist der reziproke Wert des → Kundenziels (Debitorenlaufzeit). Diese Kennzahl gibt den Faktor an, um den der Umsatz den (durchschnittlichen) Forderungsbestand übersteigt. Niedrige Werte deuten darauf hin, dass das Unternehmen bei Zahlungsausfall der Kunden Gefahr läuft, in Liquiditätsprobleme zu geraten. Zusätzlich sollte daher die Anzahl der Debitoren berücksichtigt werden, um die Wahrscheinlichkeit von eigenen Liquiditätsproblemen besser abschätzen zu können.

Ein hoher Debitorenumschlag bedeutet eine schnelle Rechnungsbegleichung der Kunden und kann auf ein gutes Forderungsmanagement des Unternehmens zurückzuführen sein.

Würdigung

+ Forderungen und Umsatz sind kaum bilanzpolitisch beeinflussbar. Aussage über das Forderungsmanagement und Debitorenbonität.

! Berücksichtigung der Anzahl der Kunden zwecks Risikoverteilung.

− Keine Aussage über durchschnittliche Höhe der offenen Rechnungen. Betriebsvergleich kaum möglich (→ Kundenziel).

Accounts receivable turnover

2.24

Formula

$$\frac{\text{revenue}}{\text{(average) amount of accounts receivable}}$$

Example

$$\frac{56{,}675}{14{,}765^*} = 3.84 \text{ times}$$

* = (14,322 + 15,208) / 2

Significance in the context of IFRS

Accounts receivable turnover is the reciprocal of → customer payment target (days of sales outstanding). This ratio specifies the factor by which revenue exceeds the (average) amount of accounts receivable. Low values indicate a danger to the company in the sense that customer default will threaten liquidity. In addition, the number of debtors should be considered in order to assess liquidity risks.

A high accounts receivable turnover means quick invoice settlement of customers which may be the result of a well-organised claims management.

Appraisal

➕ Receivables and revenues are barely possible to influence by accounting policy; statement about claims management and debtor solvency.

❗ Consideration of the number of customers for the purpose of risk diversification

➖ No statement about the average amount of outstanding accounts; inter-company comparison hardly possible.

3

Kennzahlen zur Finanzlage

Financial Standing Ratios

3.1 Bilanzanalytisches Eigenkapital

Formel	Beispiel
ausgewiesenes Eigenkapital	14.570 Mio. €
− Ausschüttungsvorschlag	0 Mio. €
− Aktivüberhang latenter Steuern	−275 Mio. €
− Disagio	−270 Mio. €
+ Eigenkapitalanteil eines Sonderpostens für Investitionszuschüsse (70 %)	0 Mio. €
= Bilanzanalytisches Eigenkapital	14.025 Mio. €

Aussagekraft und Besonderheit nach HGB

Die Ermittlung des bilanzanalytischen Eigenkapitals gibt einen differenzierten Einblick in die Qualität des Eigenkapitals, indem ausgehend vom ausgewiesenen Eigenkapital im Rahmen von Aufbereitungsrechnungen bilanzanalytische Anpassungen erfolgen. Zunächst ist der Ausschüttungsvorschlag – sofern noch nicht als Verbindlichkeit erfasst – bereits vom Eigenkapital in Abzug gebracht worden. Darüber hinaus werden Anpassungen von Bilanzposten vorgenommen, die bilanzanalytisch kein Vermögen oder keine Schulden darstellen.

Dem Vorsichtsprinzip folgend können anstelle des Aktivüberhangs auch die kompletten aktiven latenten Steuern korrigiert werden. In der Folge sind dann die passiven latenten Steuern dem (kurzfristigen) Fremdkapital zuzurechnen.

Das Eigenkapital kann durch stille Reserven/Lasten verzerrt sein. Daher ist die Berechnung eines → bereinigten Eigenkapitals zu empfehlen.

Bei einer Konzernabschlussanalyse sind zusätzlich die „Anteile der anderen Gesellschafter" in Abzug zu bringen, da diese bilanzanalytisch dem Fremdkapital zugeordnet werden.

Würdigung

- (+) Berücksichtigung des Ausschüttungsvorschlags spiegelt die tatsächliche Höhe des Eigenkapitals besser wider.
- (!) Parallele Ermittlung von Kennzahlen auf der Basis des bilanzanalytischen Eigenkapitals ist zu empfehlen.
- (−) Bilanzpolitik und damit verbundene stille Reserven/Lasten beeinflussen die Höhe des Eigenkapitals.

Balance sheet analytical equity 3.1

Formula	Example
reported equity	14,570 € million
− dividend proposal	0 € million
− net asset position of deferred taxes	−275 € million
− debt discount	−270 € million
+ equity share of special items for investment grants (70%)	0 € million
= balance sheet analytical equity	14,025 € million

Significance in the context of HGB

Determining balance sheet analytical equity gives a differentiated insight into the equity's quality by making balance sheet analytical adjustments to reported equity as part of a calculatory preparation. First, the dividend proposal – if not already recorded as liability – is going to be deducted from equity. Furthermore, balance sheet items that do not represent assets or liabilities balance sheet analytically, are adjusted.

Following the principle of prudence deferred tax assets can be adjusted completely instead of adjusting an assets surplus. As a consequence, deferred tax liabilities are assigned to (short-term) borrowed capital. Equity may be distorted due to hidden reserves/liabilities. Calculating –> adjusted equity is therefore recommended.

Regarding consolidated financial statement analysis, "minority interests" are to be deducted additionally, since, balance sheet analytically, these are assigned to borrowed capital.

Appraisal

- ⊕ Considering dividend proposals better reflects the actual amount of equity.
- ❗ Simultaneous determination of ratios based on the balance sheet analytical equity is recommended.
- ⊖ Accounting policy and the associated hidden reserves/liabilities influence the amount of equity.

3.2 Bereinigtes Eigenkapital

Formel	Beispiel
bilanzanalytisches Eigenkapital	14.025,00 Mio. €
+/− quantitativ benannte stille Reserven/Lasten	615,06 Mio. €*
= bereinigtes Eigenkapital I	14.640,06 Mio. €
+/− geschätzte stille Reserven/Lasten	0,00 Mio. €
= bereinigtesEigenkapital II	14.640,06 Mio. €

* Vgl. → stille Reserven/Lasten

Aussagekraft und Besonderheit nach HGB

Zusätzlich zum → bilanzanalytischen Eigenkapital kann für analytische Zwecke ein bereinigtes Eigenkapital berechnet werden. Hierbei werden ausgehend vom bilanzanalytischen Eigenkapital die quantitativ ermittelbaren → stillen Reserven bereinigt, wie z. B. sog. Lifo-Reserve oder Differenzen zwischen freiwillig angegebenem Zeitwert und ausgewiesenem Buchwert von Vermögenspositionen.

Darüber hinaus sind ergebnisneutral verrechnete Effekte zu korrigieren, die aus den Übergangsvorschriften der BilMoG-Umstellung resultieren können. Außerdem können über Schätzungen stille Reserven in sonstigen Rückstellungen oder Sachanlagen abgeleitet werden.

Würdigung

- ⊕ Aufdeckung der stillen Reserven/Lasten ermöglicht die Berücksichtigung des tatsächlichen (bereinigten) Eigenkapitals für analytische Zwecke.
- ❗ Parallele Ermittlung von Kennzahlen auf der Basis des bereinigten Eigenkapitals ist zu empfehlen.
- ⊖ Die Verlässlichkeit der geschätzten stillen Reserven/Lasten ist abhängig von den zugrunde gelegten Prämissen der Schätzungsmethoden.

Adjusted equity

3.2

Formula

	Example
balance sheet analytical equity	14,025.00 € million
+/− quantitatively designated hidden reserves/ liabilities	615.06 € million*
= adjusted equity I	14,640.06 € million
+/− estimated hidden reserves/liabilities	0.00 € million
= adjusted equity II	14,640.06 € million

* Cf. → hidden reserves/hidden liabilities

Significance in the context of HGB

In addition to → balance sheet analytical equity, the adjusted equity can be calculated for analytical purposes. In order to do so, balance sheet analytical equity, is adjusted for → hidden reserves, which are possible to determine quantitatively, such as what is known as LIFO reserve or the difference between voluntarily stated fair value and reported book value of assets.

Effects that do not affect profit or loss, must also be adjusted due to the transitional regulations resulting from the BilMoG conversion. Furthermore, hidden reserves from other provisions or fixed assets can be derived by estimations.

Appraisal

+ Disclosure of hidden reserves/liabilities enables consideration of the actual (adjusted) equity for analytical purposes.

! Simultaneous determination of ratios based on the adjusted equity is recommended.

− Reliability of estimated hidden reserves/liabilities depends on the estimation method's underlying assumptions.

3.3 Eigenkapitalquote

Formel

$$\text{Eigenkapitalquote} = \frac{\text{Eigenkapital}}{\text{Gesamtkapital}} \times 100$$

$$\text{Eigenkapitalquote (bilanzanalytisch)} = \frac{\text{Bilanzanalytisches Eigenkapital}}{\text{Bilananalyt. EK + FK*}} \times 100$$

* ohne passive latente Steuern (→ bilanzanalytisches Eigenkapital)

Beispiel

$$\frac{14.570}{73.822} \times 100 = 19{,}74\%; \quad \frac{14.025}{72.113} \times 100 = 19{,}45\%$$

Aussagekraft und Besonderheit nach HGB

Die Eigenkapitalquote ist eine Kennzahl zur Beschreibung der Kapitalstruktur des Unternehmens. Sie bringt den Anteil des Eigenkapitals am Gesamtkapital (= Bilanzsumme = Gesamtvermögen) zum Ausdruck. Je höher die Eigenkapitalquote, desto höher ist die Kreditwürdigkeit, Bonität und finanzielle Stabilität des Unternehmens und das Unternehmen ist unabhängiger von Fremdkapitalgebern. Eine hohe Eigenkapitalquote kann aber auch die Rendite auf das eingesetzte Kapital belasten, da das Eigenkapital i.d.R. teurer ist als das Fremdkapital (zum Leverage-Effekt → Eigenkapitalrentabilität). Anstelle des Gesamtkapitals kann auch das →investierte Kapital (capital employed) verwendet werden.

Eine überbetriebliche Vergleichbarkeit dieser Kennzahl wird durch Bilanzpolitik erschwert. Zudem können die Wertansätze in der Bilanz und somit auf die Höhe des Gesamtkapitals durch Leasing beeinflusst werden, womit die Vergleichbarkeit beeinträchtigt wird.

Bei hohen stillen Reserven/Lasten ist die Ermittlung der Eigenkapitalquote unter Berücksichtigung des → bereinigten Eigenkapitals zu empfehlen.

Würdigung

+ Hinweis auf die Kapitalstruktur des Unternehmens. Informiert über die finanzielle Stabilität des Unternehmens.

! Branchenspezifische Kennzahl.

− Barwert der künftigen Leasingaufwendungen ist bei wesentlichem Leasingvermögen zu berücksichtigen. Bilanzpolitik und damit verbundene stille Reserven/Lasten beeinflussen die Höhe des Eigenkapitals.

Equity ratio

3.3

Formula

$$\text{equity ratio} = \frac{\text{equity}}{\text{total capital}} \times 100$$

equity ratio(balance sheet analytical) =

$$\frac{\text{balance sheet analytical equity}}{\text{balance sheet analytical equity} + \text{debt*}} \times 100$$

* excluding deferred tax liabilities (→ balance sheet analytical equity)

Example

$$\frac{14{,}570}{73{,}822} \times 100 = 19.74\%; \quad \frac{14{,}025}{72{,}113} \times 100 = 19.45\%$$

Significance in the context of HGB

The equity ratio describes the company's capital structure. It expresses the equity's share of total capital (balance sheet total = total assets). The higher the equity ratio, the greater the company's creditworthiness, solvency, financial stability and independence from debt holders. A higher equity ratio, however, may also burden the return on capital employed, because equity is normally more expensive than debt. Instead of total capital → capital employed can be used as well.

Inter-company comparison of this ratio may be impaired due to accounting policy. Moreover, balance sheet values and, thus, the amount of total capital may be influenced by leasing, further impeding comparability.

In the case of high levels of hidden reserves/liabilities it is recommended to consider → adjusted equity to determine the equity ratio.

Appraisal

➕ Refers to the company's capital structure. Gives information about the financial stability of the company.

❗ Sector-specific ratio.

➖ Present value of future leasing expenses is to be considered for significant leasing assets. Accounting policy and the associated hidden reserves/liabilities influence the amount of equity.

3.4 Rücklagenquote

Formel

$$\frac{\text{Rücklagen}}{\text{Eigenkapital}} \times 100$$

Beispiel

$$\frac{14.027}{14.570} \times 100 = 96,27\,\%$$

Aussagekraft und Besonderheit nach HGB

Die Rücklagenquote ist eine Kennzahl zur Beschreibung der Eigenkapitalstruktur. Die Rücklagen setzen sich aus Kapital- und Gewinnrücklagen (→ Selbstfinanzierungsgrad) zusammen, welche beide – zusätzlich zum gezeichneten Kapital – die finanzielle Stabilität des Unternehmens erhöhen. Während es sich bei der Kapitalrücklage um eingezahltes Eigenkapital (externe Finanzierung) handelt, resultiert die Gewinnrücklage aus einbehaltenen Gewinnen (interne Finanzierung).

Hohe Rücklagen vermindern das Risiko, dass das nominale Eigenkapital durch Verluste aufgezehrt wird, und stehen für zukünftige Investitionen zur Verfügung. Ein Zeitvergleich gibt Aufschluss über die Veränderung der verschiedenen Rücklagenarten im Eigenkapital. Bei Abnahme der Kennzahl sind die Ursachen zu untersuchen, da eine Abnahme ein Indikator für eine Substanzgefährdung des Unternehmens sein kann. Die Rücklagenquote gibt Hinweise auf die Ertragslage des Unternehmens und die Ausschüttungspolitik in der Vergangenheit.

Im Konzernabschluss sind nach den Gewinnrücklagen die ergebnisneutral verrechneten Währungsumrechnungsdifferenzen gesondert unter „Eigenkapitaldifferenz aus Währungsumrechnung" auszuweisen. Diese werden bilanzanalytisch den Gewinnrücklagen zugeordnet.

Würdigung

- (+) Eine Erhöhung der Rücklagen führt zu einer Erhöhung des Haftungskapitals. Rücklagenanteil gibt Aufschluss über die Stabilitätspolitik des Unternehmens.
- (!) In den Gewinnrücklagen sind erfolgsneutral verrechnete Komponenten (i. d. R. nur für den Konzernabschluss relevant) enthalten.
- (−) Bilanzpolitik und damit verbundene stille Reserven/Lasten beeinflussen die Höhe der ausgewiesenen Rücklagen.

Reserves ratio

Formula

$$\frac{\text{reserves}}{\text{equity}} \times 100$$

Example

$$\frac{14{,}027}{14{,}570} \times 100 = 96.27\,\%$$

Significance in the context of HGB

The reserves ratio describes equity structure. It consists of capital reserves and retained earnings (→ self-financing rate). These both – in addition to subscribed capital – increase the company's financial stability. While the capital reserve involves paid-in capital (external financing), the retained earnings result from earnings retained (internal financing).

High reserves reduce the risk of losses consuming the nominal equity and are available for future investments. A time comparison provides information about changes of different types of reserves in equity. The causes for a declining ratio must be examined, since a decline might indicate a substantial threat to the company. The reserves ratio points to the company's profit situation and dividend policy in the past.

After retained earnings, currency translation differences, that do not affect profit and loss, must be separately disclosed as "equity difference from currency translation" in the consolidated financial statements. Balance sheet analytically they are assigned to retained earnings.

Appraisal

+ An increase in reserves leads to an increase in liable equity. The reserves ratio provides information about the company's stabilization policy.

! Retained earnings include components, which do not affect profit or loss (normally only relevant for the consolidated financial statement).

− Accounting policy and the associated hidden reserves/liabilities influence the amount of equity.

3.5 Selbstfinanzierungsgrad

Formel

$$\frac{\text{Gewinnrücklagen}}{\text{Eigenkapital}} \times 100$$

Beispiel

$$\frac{11.356}{14.570} \times 100 = 77,94\,\%$$

Aussagekraft und Besonderheit nach HGB

Der Selbstfinanzierungsgrad zeigt den Anteil der Gewinnrücklagen am Eigenkapital. Die Gewinnrücklagen resultieren aus der Einbehaltung von Unternehmensgewinnen. Die Einstellung von einbehaltenen Gewinnen führt zu einer Erhöhung des Haftungskapitals.

Diese Kennzahl bringt zum Ausdruck, inwieweit das Unternehmen in der Vergangenheit in der Lage war, das Eigenkapital durch Gewinnthesaurierung zu erhöhen. Hohe Gewinnrücklagen vermindern das Risiko, dass das nominale Eigenkapital durch Verluste aufgezehrt wird und ermöglichen, dass Ausschüttungen in schlechten Jahren aus den Gewinnrücklagen finanziert werden können. Bei Abnahme der Kennzahl sind die Ursachen zu untersuchen, da eine Abnahme ein Indikator für eine Substanzgefährdung des Unternehmens sein kann.

Alternativ kann der Selbstfinanzierungsgrad berechnet werden, indem zusätzlich zu den Gewinnrücklagen die Kapitalrücklagen (Bildung z. B. durch ein Agio bei Aktienemissionen) im Zähler berücksichtigt werden (→ Rücklagenquote).

Zu den Besonderheiten HGB → Eigenkapitalquote und zur → Rücklagenquote.

Würdigung

+ Bietet Informationen über die Selbstfinanzierungstendenz des Unternehmens. Eine Erhöhung der Rücklagen führt zu einer Erhöhung des Haftungskapitals.

! In die Gewinnrücklagen sind erfolgsneutral verrechnete Komponenten (i. d. R. nur für den Konzernabschluss relevant) einzubeziehen (→ Rücklagenquote).

− Bilanzpolitik und damit verbundene stille Reserven/Lasten beeinflussen die Höhe der ausgewiesenen Rücklagen.

Self-financing rate

3.5

Formula

$$\frac{\text{retained earnings}}{\text{equity}} \times 100$$

Example

$$\frac{11{,}356}{14{,}570} \times 100 = 77.94\,\%$$

Significance in the context of HGB

The share of retained earnings of equity is displayed by the self-financing rate. Retained earnings result from the retention of profits. Profit retention will increase liable equity.

This ratio expresses the extent to which the company was able to increase equity by the retention of earnings. A high amount of retained earnings reduces the risk of losses consuming nominal equity and, in bad years, allows dividends to be paid. The causes for a declining ratio must be examined, since a decline might indicate a substantial threat to the company.

As an alternative, the self-financing rate may be calculated by considering capital reserves (for example formed by a premium during share issue) in the numerator in addition to retained earnings (→ reserves ratio).

For particularities in HGB accounting → equity ratio and → reserves rate.

Appraisal

➕ Offers information about the self-financing tendency of the company; an increase in reserves leads to an increase in liable equity.

❗ Retained earnings must include components, which do not affect profit or loss (normally only relevant for the consolidated financial statement), → reserves ratio.

➖ Accounting policy and the associated hidden reserves/liabilities influence the amount of equity.

3.6 Langfristkapitalanteil

Formel

$$\frac{\text{Langfristkapital } (= \text{Eigenkapital } + \text{ langfristiges Fremdkapital})}{\text{Gesamtkapital}} \times 100$$

Beispiel

$$\frac{14.570 + (11.322 + 18.931)}{73.822} \times 100 = 60{,}72\,\%$$

Aussagekraft und Besonderheit nach HGB

Der Langfristkapitalanteil ist eine Kennzahl zur Beschreibung der Kapitalstruktur des Unternehmens. Sie bringt den Anteil des langfristigen Kapitals – bestehend aus Eigenkapital und langfristigem Fremdkapital – am Gesamtkapital (= Bilanzsumme = Gesamtvermögen) zum Ausdruck. Je höher der Langfristkapitalanteil, desto besser ist die finanzielle Stabilität des Unternehmens, und das Unternehmen ist unabhängiger von Fremdkapitalgebern. Anstelle des ausgewiesenen Eigenkapitals kann das → bilanzanalytische Eigenkapital für die Berechnung herangezogen werden.

Zur Ermittlung des langfristigen Kapitals sind die Anhangangaben zu berücksichtigen.

Eine überbetriebliche Vergleichbarkeit dieser Kennzahl wird durch Bilanzpolitik erschwert (→ bereinigtes Eigenkapital). Zudem können die Wertansätze in der Bilanz und somit die Höhe des Gesamtkapitals durch Leasing beeinflusst werden, womit die Vergleichbarkeit beeinträchtigt wird. Zu Besonderheiten → Eigenkapitalquote sowie → Fremdkapitalquote.

Würdigung

- ➕ Hinweis auf die Kapitalstruktur des Unternehmens. Informiert über die finanzielle Stabilität des Unternehmens.
- ❗ Branchenspezifische Kennzahl.
- ➖ Barwert der künftigen Leasingaufwendungen ist bei wesentlichem Leasingvermögen zu berücksichtigen. Bilanzpolitik und damit verbundene → stille Reserven/Lasten beeinflussen die Höhe des Eigen-/Gesamtkapitals.

Financial Standing Ratios

Long-term capital share 3.6

Formula

$$\frac{\text{long-term capital } (= \text{equity} + \text{non-current liabilities})}{\text{total capital}} \times 100$$

Example

$$\frac{14{,}570 + (11{,}322 + 18{,}931)}{73{,}822} \times 100 = 60.72\,\%$$

Significance in the context of HGB

The long-term capital share is a ratio to describe the company's capital structure. It shows the long-term capital's proportion, consisting of equity and long-term debt, of the total capital (= balance sheet total = total assets). The higher the long-term capital share, the greater the financial stability of the company and the more independent from outside creditors. Instead of reported equity → balance sheet analytical equity may also be used for calculation.

In order to determine long-term capital, information from the notes must be considered.

Accounting policy impedes inter-company comparability (→ adjusted equity). Moreover, balance sheet values and, thus, the amount of total capital may be influenced by leasing, further impeding comparability. For pecularities → equity ratio and → debt ratio.

Appraisal

+ Refers to the company's capital structure. Gives information about the financial stability of the company.

! Sector-specific ratio

− Present value of future leasing expenses is to be considered for significant leasing assets. Accounting policy and the associated → hidden reserves/liabilities influence the amount of equity/total capital.

3.7 Fremdkapitalquote

Formel

$$\frac{\text{Fremdkapital}}{\text{Gesamtkapital}} \times 100$$

Beispiel

$$\frac{57.558}{73.822} \times 100 = 77,97\,\%$$

Aussagekraft und Besonderheit nach HGB

Die Fremdkapitalquote ist eine Kennzahl zur Beschreibung der Kapitalstruktur des Unternehmens. Sie bringt den Anteil des Fremdkapitals am Gesamtkapital (= Bilanzsumme = Gesamtvermögen) zum Ausdruck. Die Fremdkapitalquote ist ein Indikator für die finanzielle Stabilität eines Unternehmens. Die Entwicklung der Kennzahl ist unter Berücksichtigung des Leverage-Effekts zu interpretieren. Eine hohe Fremdkapitalquote kann zu einer Steigerung der → Eigenkapitalrentabilität führen, wenn die Gesamtkapitalrentabilität höher als die Fremdkapitalzinsen ist. Zudem ist beim Zeitvergleich die Höhe des Vermögensbestands zu beachten.

Die Höhe des Fremdkapitals kann durch Leasing beeinflusst werden. Bei wesentlichem Leasingvermögen sollte der Barwert der zukünftigen Leasingraten berücksichtigt werden. Eine zusätzliche Differenzierung des Fremdkapitals in Verbindlichkeiten und Rückstellungen und/oder nach Fristigkeiten erhöht die Aussagekraft.

In dem ausgewiesenen Fremdkapital ist ein enthaltener Sonderposten für Investitionszuschüsse nur zu 30 % zu berücksichtigen (→ bereinigtes Eigenkapital). Zu Besonderheiten → Fremdkapitalstruktur sowie → Rückstellungsquote.

Würdigung

- (+) Hinweis auf die finanzielle Stabilität des Unternehmens.
- (!) Branchenspezifische Kennzahl.
- (−) Bilanzpolitik und damit verbundene → stille Reserven/Lasten beeinflussen die Höhe des Fremd- und Eigenkapitals. Off-Balance-Sheet-Positionen bleiben ohne bilanzanalytische Aufbereitung unberücksichtigt.

Debt ratio

Formula

$$\frac{\text{borrowed capital}}{\text{total capital}} \times 100$$

Example

$$\frac{57{,}558}{73{,}822} \times 100 = 77.97\,\%$$

Significance in the context of HGB

The debt ratio describes a company's capital structure. It expresses borrowed capital's proportion of total capital (= balance sheet total = total assets). The debt ratio serves as an indicator of a company's financial stability. The ratio's development must be interpreted while considering the leverage-effect. A high debt ratio may lead to an increase in → return on equity, if the return on assets is higher than the interest rate on borrowed capital. In time comparison the amount of assets must be considered.

The amount of borrowed capital can be influenced by leasing. When there is substantial asset leasing the present value of future leasing expenses is to be considered. An additional differentiation of debt in liabilities and provisions and/or maturity increases the informative value.

In reported borrowed capital, a special item for investment grants can only be considered in the extent of 30 % (→ adjusted equity). For pecularities → debt structure and → provisions rate.

Appraisal

- ⊕ Provides hints as to the company's financial stability
- ❗ Sector-specific ratio
- ⊖ Accounting policy and the associated → hidden reserves/liabilities influence the amount of equity/total capital. Off-balance sheet items are not taken into account without balance sheet analytical processing.

3.8 Fremdkapitalquote (kurzfristig)

Formel

$$\text{Anteil des Kurzfristfremdkapitals} = \frac{\text{kurzfristiges Fremdkapital}}{\text{Gesamtkapital}} \times 100$$

$$\text{Anteil der Kurzfristverbindlichkeiten} = \frac{\text{kurzfristige Verbindlichkeiten}}{\text{Gesamtkapital}} \times 100$$

Beispiel

$$\frac{27.503}{73.822} \times 100 = 37,26\,\%; \quad \frac{21.191}{73.822} \times 100 = 28,71\,\%$$

Aussagekraft und Besonderheit nach HGB

Die → Fremdkapitalquote kann alternativ berechnet werden, indem im Zähler anstelle des gesamten Fremdkapital nur das kurzfristige Fremdkapital berücksichtigt wird, um Aufschluss über die anstehenden kurzfristigen Zahlungsabflüsse zu erhalten. Da Verbindlichkeiten im Gegensatz zu Rückstellungen sicher zu einem Zahlungsmittelabluss führen, kann zudem der Anteil der Kurzfristverbindlichkeiten berechnet werden. Der Anteil der Kurzfristverbindlichkeiten sollte zusammen mit dem → Working Capital interpretiert werden. Zusätzlich kann die mittel- und langfristige Fremdkapitalquote ermittelt werden.

Ein Passivüberhang latenter Steuern (→ bilanzanalytisches Eigenkapital) sowie erhaltene Anzahlungen, die von den Vorräten abgesetzt wurden, sind bilanzanalytisch den (kurzfristigen) Verbindlichkeiten zuzurechnen, so dass der Kennzahlenwert erhöht wird. Zudem führt eine ggf. im Anhang angegebene Deckungslücke (→ stille Reserven/Lasten) im Rahmen der Bereinigungsrechnung zu einem höheren (bereinigten) Fremdkapital und zu einer Erhöhung des Kennzahlenwerts.

Bei einer Konzernabschlussanalyse sind zusätzlich die „Anteile der anderen Gesellschafter" bilanzanalytisch dem Fremdkapital zuzurechnen. Besonderheiten → Fremdkapitalquote.

Würdigung

+ Hinweis auf die finanzielle Stabilität des Unternehmens.
! Branchenspezifische Kennzahl.
− Bilanzpolitik und damit verbundene → stille Reserven/Lasten beeinflussen die Höhe des Gesamtkapitals. Off-Balance-Sheet-Positionen bleiben unberücksichtigt.

Debt ratio (short-term)

3.8

Formula

$$\text{proportion of short-term debts} = \frac{\text{short-term borrowed capital}}{\text{total capital}} \times 100$$

$$\text{proportion of current liabilities} = \frac{\text{current liabilities}}{\text{total capital}} \times 100$$

Example

$\frac{27{,}503}{73{,}822} \times 100 = 37.26\,\%; \quad \frac{21{,}191}{73{,}822} \times 100 = 28.71\,\%$

Significance in the context of HGB

In order to obtain information about short-term cash outflows, the → debt ratio can be calculated alternatively by considering short-term borrowed capital only, instead of total borrowed capital in the numerator. Since liabilities, in contrast to provisions, definitely lead to cash outflows, the proportion of current liabilites can be calculated, additionally. The proportion of current liabilities should be interpreted along with → working capital. Long-term and short-term debt ratio can be calculated, additionally.

Deferred tax liabilities (→ balance sheet analytical equity) and advances received, which are deducted from inventories, balance sheet analytically pertain to (current) liabilities, and increase the ratio's value. It should be taken into account that, as part of the calculatory preparation, a coverage gap (→ hidden reserves/liabilities) leads to higher (adjusted) borrowed capital and an increase in the ratio's value.

Regarding consolidated financial statement analysis, balance sheet analytically, "minority interests" are additionally counted as liabilities. For further peculiarities → debt ratio.

Appraisal

➕ Hints to the company's financial stability.

❗ Sector-specific ratio

➖ Accounting policy and the associated → hidden reserves/liabilities influence the amount of equity/total capital. Off-balance sheet items are not taken into account.

3.9 Fremdkapitalstruktur

Formel

$$\text{Fremdkapitalstruktur I} = \frac{\text{kurzfristige Verbindlichkeiten}}{\text{Fremdkapital}} \times 100$$

$$\text{Fremdkapitalstruktur II} = \frac{\text{Verbindlichkeiten aus L + L + Bankverbindlichkeiten}}{\text{Fremdkapital}} \times 100$$

Beispiel

$$\frac{21.191}{57.558} \times 100 = 36{,}82\ \%;\quad \frac{14.426 + 6.225}{57.558} \times 100 = 35{,}88\ \%$$

Aussagekraft und Besonderheit nach HGB

Die Fremdkapitalstruktur zeigt den Anteil an kurzfristigen Verbindlichkeiten in Relation zum Fremdkapital. Je höher die Kennzahl, desto mehr liquide Mittel (Kassenbestand und Guthaben bei Kreditinstituten) fließen kurzfristig zur Begleichung der Verpflichtungen ab. Bei insolvenzgefährdeten Unternehmen ist diese Kennzahl i. d. R. höher als bei solventen Unternehmen.

Zudem sind ein Passivüberhang latenter Steuern (→ bilanzanalytisches Eigenkapital) sowie erhaltene Anzahlungen, die von den Vorräten abgesetzt wurden, bilanzanalytisch den (kurzfristigen) Verbindlichkeiten zuzurechnen, so dass der Kennzahlenwert erhöht wird.

Bei einer Konzernabschlussanalyse sind zusätzlich die „Anteile der anderen Gesellschafter" bilanzanalytisch den Verbindlichkeiten zuzurechnen. Zu weiteren Besonderheiten → Fremdkapitalquote; → Fremdkapitalquote (kurzfristig).

Würdigung

- ⊕ Hinweis auf künftigen Abfluss von liquiden Mitteln (= Kassenbestand und Guthaben bei Kreditinstituten). Indikator für mögliche Zahlungsschwierigkeiten des Unternehmens.

- ❗ Differenzierung nach Fristigkeit erhöht die Aussagekraft. Berücksichtigung der Fristigkeit der Vermögensposten sinnvoll (→ goldene Finanzierungsregel).

- ⊖ Interpretation der Kennzahl nur im Zusammenhang mit Liquiditätskennzahlen sinnvoll.

Financial Standing Ratios

Debt structure 3.9

Formula

$$\text{debt structure I} = \frac{\text{current liabilities (without other provisions)}}{\text{borrowed capital}} \times 100$$

debt structure II =

$$\frac{\text{accounts payable trade} + \text{accounts payable to banks}}{\text{borrowed capital}} \times 100$$

Example

$$\frac{21{,}191}{57{,}558} \times 100 = 36.82\,\%; \quad \frac{14{,}426 + 6{,}225}{579{,}558} \times 100 = 35.88\,\%$$

Significance in the context of HGB

The proportion of accounts payable trade and current liabilities in relation to borrowed capital is shown by the debt structure. The greater this ratio, the more liquid assets (cash on hand and bank balances) flow off to settle obligations in the short-term. This ratio's value is usually higher for companies with a risk of insolvency than for solvent companies.

Balance sheet analytically, deferred tax liabilities ($\rightarrow$ balance sheet analytical equity) and advances received, which are deducted from inventories, pertain to (current) liabilities, and increase the ratio's value.

Regarding consolidated financial statement analysis, balance sheet analytically, "minority interests" are additionally counted as liabilities. For further pecularities $\rightarrow$ debt ratio; $\rightarrow$ debt ratio (short-term).

Appraisal

➕ Hints to future outflow of liquid assets (cash on hand and bank balances). Indicator for possible pecuniary difficulties of the company.

❗ Differentiation by maturity increases informative value. Consideration of assets' maturity reasonable ($\rightarrow$ golden rule of financing).

➖ Interpreting this ratio is only advisable in connection with liquidity ratios.

3.10 Rückstellungsquote

Formel

$$\frac{\text{Rückstellungen}}{\text{Gesamtkapital}} \times 100$$

Beispiel

$$\frac{16.134}{73.822} \times 100 = 21,86\,\%$$

Aussagekraft und Besonderheit nach HGB

Die Rückstellungsquote ist eine Kennzahl zur Beschreibung der Fremdkapitalstruktur. Sie bringt den Anteil der Rückstellungen zum Gesamtkapital (= Bilanzsumme = Gesamtvermögen) zum Ausdruck und zeigt, inwieweit das Unternehmen aus Rückstellungsgegenwerten finanziert ist. Die Finanzierung aus Rückstellungsgegenwerten ist nur möglich, wenn die Rückstellungen aufwandswirksam gebildet werden und somit gewinnmindernd wirken.

Bei hohem Anteil an langfristigen Rückstellungen (z. B. Pensionsrückstellungen) ist eine Differenzierung dieser Kennzahl nach Fristigkeiten sinnvoll sowie die ergänzende Betrachtung des → Langfristkapitalanteils.

Zu berücksichtigen ist, dass eine ggf. im Anhang angegebene Deckungslücke (→ stille Reserven/Lasten) im Rahmen der Bereinigungsrechnung zu einem höheren (bereinigten) Fremdkapital und zu einer Erhöhung des Kennzahlenwerts führt. Werden passive latente Steuern bilanzanalytisch den Rückstellungen zugerechnet (→ bilanzanalytisches Eigenkapital), erhöht sich der Kennzahlenwert. Ferner ist zu beachten, dass die Höhe der Pensionsrückstellungen durch eine Saldierung mit dem zugehörigen Planvermögen (§ 246 Abs. 2 HGB) beeinflusst wird.

Würdigung

+ Liefert Informationen über die Kapitalstruktur.

− Wenig Aussagekraft bei hohen langfristigen Rückstellungen. Daher ist eine Differenzierung nach Fristigkeit der Rückstellungen sinnvoll. Bilanzpolitik und damit verbundene stille Reserven/Lasten beeinflussen die Höhe der ausgewiesenen Rückstellungen.

Provisions rate

3.10

Formula

$$\frac{\text{provisions}}{\text{total capital}} \times 100$$

Example

$$\frac{16{,}134}{73{,}822} \times 100 = 21.86\ \%$$

Significance in the context of HGB

The provisions rate describes capital structure. It expresses the provision's proportion of total capital (= balance sheet total = total assets) and shows the extent to which the company is financed by provision equivalents. Financing by provision equivalents is only possible if provisions are recognized in the profit and loss statement and therefore decrease profit.

If there is a high degree of non-current provisions (e.g. pension provisions) it is reasonable to differentiate by maturity and, additionally, to consider the share of → long-term capital.

It should be taken into account that, as part of the calculatory preparation, a coverage gap (stated in the notes) leads to higher (adjusted) borrowed capital and an increase in the ratio's value. If, balance sheet analytically, deferred taxes are attributed to provisions (→ balance sheet analytical equity), the ratio's value increases.

It should also be noted that the amount of pension provisions is influenced by netting with associated plan assets (§ 246(2) HGB).

Appraisal

+ Provides information about capital structure

− Low informative value for high non-current provisions. Differentiating provisions by maturity reasonable; accounting policy and the associated hidden reserves/liabilities influence the amount of reported provisions.

3.11 Statischer Verschuldungsgrad

Formel

$$\text{Statischer Verschuldungsgrad I} = \frac{\text{Fremdkapital}}{\text{Eigenkapital}} \times 100$$

$$\text{Statischer Verschuldungsgrad II} = \frac{\text{Verbindlichkeiten}}{\text{Eigenkapital}} \times 100$$

Beispiel

$$\frac{57.558}{14.570} \times 100 = 395{,}04\,\%; \quad \frac{41.424}{14.570} \times 100 = 284{,}31\,\%$$

Aussagekraft und Besonderheit nach HGB

Kennzahl zur Beurteilung der Kapitalstruktur bzw. der Finanzierung. Der Verschuldungsgrad als Relation von Fremdkapital bzw. Verbindlichkeiten und Eigenkapital bringt den Anspannungsgrad der Finanzwirtschaft zum Ausdruck. Je höher die Kennzahl, desto größer wird die Abhängigkeit von Fremdkapitalgebern. Gleichzeitig werden die Möglichkeiten für zusätzliche Kapitalquellen geringer. Zahlungslast für Zins- und Tilgungsbeträge müssen erwirtschaftet werden. Bei der Beurteilung ist die Ertragskraft, insbesondere die Gesamtkapitalrentabilität, zu berücksichtigen, weil bei guter Ertragskraft ein hoher statischer Verschuldungsgrad und somit ein hoher Fremdkapitalanteil in Kauf genommen werden kann, sog. Leverage-Effekt (→ Fremdkapitalquote). Ein zu hoher Eigenkapitalanteil kann im Hinblick auf die Rentabilität auch negativ beurteilt werden.

In bestimmten Fällen werden die Wertansätze von Verbindlichkeiten, Fremdkapital und Eigenkapital im Rahmen von Aufbereitungsrechnungen bilanzanalytisch angepasst; zu Besonderheiten → Fremdkapitalquote; → Fremdkapitalquote (kurzfristig); → bilanzanalytisches Eigenkapital.

Würdigung

➕ Zeitvergleich nur unter Berücksichtigung der gesamten Unternehmensentwicklung sinnvoll. Unter Berücksichtigung des Leverage-Effekts ein guter Indikator für Finanzierungsrisiken.

❗ Zusätzlich Berücksichtigung der Ertragskraft notwendig. Betriebsvergleich ist wenig aussagefähig.

➖ Aussagekraft eingeschränkt, da zusätzlich die Eigentumsverhältnisse Einfluss auf die Kapitalstruktur haben. Bilanzpolitik und damit verbundene stille Reserven/Lasten beeinflussen die Höhe des Eigenkapitals.

Static debt-equity ratio

Formula

$$\text{static debt-equity ratio I} = \frac{\text{borrowed capital}}{\text{equity}} \times 100$$

$$\text{static debt-equity ratio II} = \frac{\text{liabilities}}{\text{equity}} \times 100$$

Example

$$\frac{57{,}558}{14{,}570} \times 100 = 406.67\,\%; \quad \frac{41{,}424}{14{,}570} \times 100 = 284.31\,\%$$

Significance in the context of HGB

Ratio to evaluate capital structure or financing respectively. Leverage as relation between borrowed capital respectively liabilities and equity expresses the degree of tension in finance. The higher this ratio, the greater the dependence on borrowed capital. At the same time, the possibility of additional investors decreases. Interest and repayment burdens must be generated. Profitability, especially total capital profitability, must be considered, because in the case of high profitability a high static debt-equity ratio and therefore a high degree of borrowed capital can be accepted, which is also referred to as leverage-effect (→ debt ratio). A high share of equity might also be regarded as negative in view of profitability.

In certain cases, values of liabilities, borrowed capital and equity are balance sheet analytically adjusted as part of the calculatory preparation. For peculiarities → debt rate (short-term); → balance sheet analytical equity.

Appraisal

+ Time comparison is only reasonable when considering overall corporate development. By taking the leverage-effect into consideration this is a good indicator for financing risks.

! Additional consideration of profitability is necessary. Inter-company comparison is not particularly meaningful.

− Informative value is limited, since ownership structure also influences capital structure. Accounting policy and thereby associated hidden reserves/liabilities influence the amount of equity.

Kennzahlen zur Finanzlage

3.12 Deckungsgrad A

auch Anlagendeckungsgrad 1, Eigenkapitaldeckung oder goldene Bilanzregel genannt

Formel

$$\frac{\text{Eigenkapital}}{\text{Anlagevermögen}} \times 100$$

Beispiel

$$\frac{14.570}{41.233} \times 100 = 35,34\ \%$$

Aussagekraft und Besonderheit nach HGB

Der Deckungsgrad A ist eine Kennzahl zur Beurteilung der statischen Liquidität und zeigt, inwieweit das Anlagevermögen durch Eigenkapital gedeckt ist. Die Kennzahl gibt Aufschluss über die fristenkongruente Finanzierung des Unternehmens und somit über Finanzierungsrisiken. Der Deckungsgrad A gilt als eine Kennzahl für die Beurteilung der Kreditwürdigkeit des Unternehmens. Je höher die Kennzahl ist, desto positiver ist die Beurteilung. Eine Kennzahl von über 100% bedeutet, dass auch Teile des Umlaufvermögens durch Eigenkapital finanziert sind.

Die Höhe des Anlagevermögens kann durch Leasing beeinflusst werden. Bei überbetrieblichen Vergleichen sollte eine Aktivierung von selbst erstellten immateriellen Vermögensgegenständen des Anlagevermögens im Rahmen einer Aufbereitungsrechnung rückgängig gemacht werden, um eine Vergleichbarkeit mit Unternehmen zu erreichen, die aufgrund des Aktivierungswahlrechts eine aufwandswirksame Verrechnung vorgenommen haben.

Auch ein aktiviertes Disagio, ein Aktivüberhang latenter Steuern sowie ein aktiver Unterschiedsbetrag aus der Vermögensverrechnung sollten bei der Ermittlung des Gesamtvermögens aus Vergleichbarkeitsgründen mit dem Eigenkapital verrechnet werden (→ bilanzanalytisches Eigenkapital). Siehe auch → Anlagenintensität.

Würdigung

- ➕ Zeitvergleich gibt Aufschluss über die (statische) Liquiditätslage des Unternehmens.
- ❗ Betriebsvergleich erfordert Berücksichtigung von Umfang und Art des Anlagevermögens, insb. von wirtschaftlichem Eigentum.
- ➖ Existenz stiller Reserven/Lasten führt zu Verzerrungen des Eigenkapitals und des Anlagevermögens. Berücksichtigung der Zusammensetzung des Anlagevermögens (z. B. Risiko von Beteiligungen) notwendig. Theoretische Konzeption ohne Berücksichtigung der Rentabilität.

Coverage ratio A

3.12

also referred to as asset coverage ratio 1, equity coverage ratio or golden balance sheet rule

Formula

$$\frac{\text{equity}}{\text{fixed assets}} \times 100$$

Example

$$\frac{14{,}570}{41{,}233} \times 100 = 35.34\ \%$$

Significance in the context of HGB

The coverage ratio A helps the evaluation of static liquidity and shows to what extent fixed assets are covered by equity (equity cover ratio = equity/non-current assets). This ratio provides information about the company's matching maturities financing and, therefore, about financing risks. The coverage ratio A is considered to enable the evaluation of a company's creditworthiness. The higher the ratio's value, the more positive the evaluation. A value of over 100% implies that parts of current assets are also financed by equity.

The amount of fixed assets can be influenced by leasing. For inter-company comparison, capitalisation of self-generated intangible assets should be reversed as part of the calculatory preparation, in order to enable comparability with companies that opted for immediate expense as incurred.

Capitalised debt discount, deferred tax net assets and positive differences from asset allocation should be offset against equity (→ balance sheet analytical equity) when determining total assets. See also → fixed asset intensity.

Appraisal

- ➕ Time comparison informs about the (static) liquidity position of the company.
- ❗ Inter-company comparison requires the consideration of assets' extent and nature, especially beneficial ownership.
- ➖ The existence of hidden reserves/liabilities leads to equity and asset distortions. Consideration of assets' composition (e.g. shareholding risks) is necessary. Theoretical concept without profitability consideration.

Kennzahlen zur Finanzlage

3.13 Deckungsgrad B

auch Anlagendeckungsgrad 2, Langfristkapitaldeckung oder goldene Bilanzregel genannt

Formel

$$\frac{\text{langfristiges Kapital}}{\text{Anlagevermögen}} \times 100$$

(langfristiges Kapital = Eigenkapital + langfristiges Fremdkapital)

Beispiel

$$\frac{14.570 + (11.322 + 18.931)}{41.233} \times 100 = 108{,}71\,\%$$

Aussagekraft und Besonderheit nach HGB

Der Deckungsgrad B ist eine Kennzahl zur Beurteilung der statischen Liquidität und zeigt, inwieweit das Anlagevermögen durch langfristiges Kapital finanziert ist. Das langfristige Kapital kann zur fristenkongruenten Finanzierung herangezogen werden, weil es wie das Anlagevermögen auch langfristig zur Verfügung steht. Zusätzlich ist die Zusammensetzung des Anlagevermögens hinsichtlich Risiken zu prüfen; dies betrifft insbesondere Beteiligungen oder Geschäfts- oder Firmenwerte im Falle eines Konzernabschlusses. Der Zähler kann erweitert werden, indem neben dem Anlagevermögen auch langfristige Teile des Umlaufvermögens (z. B. langfristige Forderungen, eiserner Bestand der Vorräte) berücksichtigt werden. Der Kennzahlenwert sollte größer als 100% sein, so dass auch ein Teil des Umlaufvermögens langfristig finanziert ist.

Zu Besonderheiten HGB → Deckungsgrad A.

Würdigung

+ Zeitvergleich gibt Aufschluss über die (statische) Liquiditätslage des Unternehmens.

! Betriebsvergleich erfordert Berücksichtigung von Umfang und Art des Anlagevermögens, insb. von wirtschaftlichem Eigentum.

− Existenz stiller Reserven/Lasten führt zu Verzerrungen des Eigenkapitals und des Anlagevermögens. Berücksichtigung der Zusammensetzung des Anlagevermögens (z. B. Risiko von Beteiligungen). Theoretische Konzeption ohne Berücksichtigung der Rentabilität.

Coverage ratio B

3.13

also referred to as asset coverage ratio 2, long-term capital coverage or golden balance sheet rule

Formula

$$\frac{\text{long-term capital}}{\text{fixed assets}} \times 100$$

(long-term capital = equity + long-term borrowed capital)

Example

$$\frac{14{,}570 + (11{,}322 + 18{,}931)}{41{,}233} \times 100 = 108.71\ \%$$

Significance in the context of HGB

Coverage ratio B helps evaluation of static liquidity and shows the extent to which assets are financed by long-term capital. Long-term capital can be used for matching maturities financing, because, like fixed assets, it is available for the long term. Additionally, the composition of assets is to be examined regarding risks, in particular related to shareholdings or goodwill in the consolidated financial statements. The numerator can be extended by also considering long-term components of current assets in addition to fixed assets (e.g. non-current receivables, base stock inventories). The ratio's value should exceed 100%, so that a part of current assets is financed in the long term as well.

For particularities HGB → coverage ratio A.

Appraisal

+ Time comparison informs about the (static) liquidity position of the company.
! Inter-company comparison requires the consideration of assets' extent and nature, especially beneficial ownership.
− The existence of hidden reserves/liabilities leads to equity and asset distortions. Consideration of assets' composition (e.g. shareholding risks) is necessary. Theoretical concept without profitability consideration.

Kennzahlen zur Finanzlage

3.14 Goldene Finanzierungsregel

Formel

$$\text{Goldene Finanzierungsregel I} = \frac{\text{kurzfristiges Fremdkapital}}{\text{Umlaufvermögen*}} \leq 1$$

$$\text{Goldene Finanzierungsregel II} = \frac{\text{langfristiges Kapital}}{\text{Anlagevermögen}} \geq 1$$

(langfristiges Kapital = Eigenkapital + langfristiges Fremdkapital)

* Umlaufvermögen zzgl. aktiver Rechnungsabgrenzungsposten (ohne Disagio)

Beispiel

$$\frac{27.503}{30.677} = 0{,}90; \quad \frac{44.823}{41.233} = 1{,}09$$

Aussagekraft und Besonderheit nach HGB

Die Goldene Finanzierungsregel fordert die Einhaltung der Fristigkeit von kurzfristigem (langfristigem) Kapital und Umlaufvermögen (Anlagevermögen). Finanzierungsprobleme können sich ergeben, wenn die Laufzeit des Kredites kürzer ist als die Nutzungsdauer der damit finanzierten Maschine, weil die bis dahin erzielten Einnahmen aus dem Einsatz der Maschine noch nicht ausreichend sein könnten, um den Kredit zu tilgen. Diese Regel ist bedeutsam für junge Unternehmen, die von den Erlösen ihrer i.d.R. wenigen Produkte abhängig sind.

In bestimmten Fällen werden die Wertansätze von Umlaufvermögen, Anlagevermögen, Fremdkapital und Eigenkapital im Rahmen von Aufbereitungsrechnungen bilanzanalytisch angepasst; zu Besonderheiten → Anlagenintensität, → Umlaufintensität → Fremdkapitalquote; → Fremdkapitalquote (kurzfristig); → bilanzanalytisches Eigenkapital.

Würdigung

⊕ Indikator für die Erfüllbarkeit von Zahlungsverpflichtungen.

❗ Betriebsvergleich erfordert Berücksichtigung von Umfang und Art des Anlagevermögens, insb. von wirtschaftlichem Eigentum.

⊖ Existenz stiller Reserven/Lasten führt zu Verzerrungen des Vermögens und der Schulden sowie in der Folge des Eigenkapitals. Berücksichtigung der Zusammensetzung des Anlagevermögens (z. B. Risiko von Beteiligungen).

Golden rule of financing

3.14

Formula

$$\text{golden financing rule I} = \frac{\text{short-term borrowed capital}}{\text{current assets}^*} \leq 1$$

$$\text{golden financing rule II} = \frac{\text{long-term capital}}{\text{fixed assets}} \geq 1$$

(long-term capital = equity + long-term borrowed capital)

* current assets plus accruals (without debt discount)

Example

$$\frac{27{,}503}{30{,}677} = 0.90; \quad \frac{44{,}823}{41{,}233} = 1.09$$

Significance in the context of HGB

The golden rule of financing requires the maturity compliance of short-term (long-term) capital and current (fixed) assets. Financing issues may result from the credit's maturity being shorter than the associated machine's useful life, because the revenues achieved by operating this machine might not be sufficient to pay off the credit by then. This rule is important for young companies, which depend on revenues of their (often) few products.

In certain cases, values of current assets, fixed assets, borrowed capital and equity are balance sheet analytically adjusted as part of the calculatory preparation. For pecularities → fixed asset intensity, → current asset intensity, → debt rate, → debt rate (short-term); → balance sheet analytical equity.

Appraisal

+ Indicator for the fulfillment of payment obligations

! Inter-company comparison requires the consideration of assets' extent and nature, especially beneficial ownership.

− The existence of hidden reserves/liabilities leads to asset, liability and, thus, equity distortions. Consideration of assets' composition (e.g. shareholding or goodwill risks) is necessary.

3.15 Effektivverschuldung (absolut)

auch Nettoverschuldung genannt

Formel	Beispiel
Fremdkapital	57.558 Mio. €
− monetäres Umlaufvermögen	21.382 Mio. €*
= **Effektivverschuldung (absolut)**	36.176 Mio. €

(monetäres Umlaufvermögen = liquide Mittel + Wertpapiere + Forderungen aus L+L)

* (4.309 + 2.751 + 14.322)

Aussagekraft und Besonderheit nach HGB

Die Effektivverschuldung (absolut) ist die Differenz aus Fremdkapital und kurzfristigem monetären Vermögen. Diese Kennzahl zeigt die Verschuldung des Unternehmens unter der Prämisse an, dass das Fremdkapital durch liquide Mittel (= Kassenbestand und Guthaben bei Kreditinstituten), kurzfristig gehaltene Wertpapiere und Forderungen aus L+L getilgt würde. Alternativ kann die Effektivverschuldung aus dem zinstragenden Fremdkapital abzüglich kurzfristigem monetären Vermögen und abzüglich langfristiger Rückstellungen berechnet werden.

Je geringer die Effektivverschuldung, desto besser ist die Liquidität des Unternehmens. Allerdings bringt ein zu hoher Posten an liquidem Vermögen wenig Rendite ein und ist aus Investorensicht nicht positiv zu sehen, es sei denn, die Liquidität soll der Finanzierung bereits angekündigter Großinvestitionen dienen. Eine Interpretation dieser Kennzahl sollte zusammen mit weiteren Finanzkennzahlen, insb. → (statischer) Verschuldungsgrad und → dynamischer Verschuldungsgrad, erfolgen. In dem ausgewiesenen Fremdkapital ist ein enthaltener Sonderposten für Investitionszuschüsse nur zu 30% zu berücksichtigen (→ bilanzanalytisches Eigenkapital). Eine im Anhang ausgewiesene Deckungslücke zu Pensionsverpflichtungen führt zu einer Erhöhung der Effektivverschuldung. Zu weiteren Besonderheiten → Fremdkapitalstruktur sowie → Rückstellungsquote. Zudem können innerhalb der Forderungen auch langfristige Beträge enthalten sein, die ggf. zu eliminieren sind.

Würdigung

+ Indikator zur Einschätzung des Finanzierungsrisikos, insb. in Verbindung mit dem (statischen und dynamischen) Verschuldungsgrad.
! Off-Balance-Sheet-Positionen bleiben unberücksichtigt.
− Ohne Verbindung zu anderen Liquiditätskennzahlen wenig aussagekräftig.

Effective debt (absolute)

3.15

also referred to as net debt

Formula	Example
borrowed capital	57,558 € million
− monetary current assets (CA)	21,382 € million*
= **effective debt (absolute)**	36,176 € million

(monetary CA = liquid assets + securities CA + accounts receivable trade)

* (4,309 + 2,751 + 14,322)

Significance in the context of HGB

Effective debt (absolute) is the difference between borrowed capital and monetary current assets. This ratio shows indebtedness under the premise of borrowed capital being paid off by liquid assets (= cash on hand and bank balances), securities current assets and accounts receivable trade. Alternatively, effective debt can be calculated by subtracting monetary current assets and non-current provisions from interest-bearing borrowed capital.

The lower the effective debt, the better the company's liquidity. However, a high amount of cash and cash equivalents generates low return and is not regarded positively from an investor's point of view, unless liquidity is supposed to finance major investments already announced. Interpreting this ratio should be made along with further financial ratios, especially → (static) debt-equity ratio and → dynamic debt-equity ratio. In reported borrowed capital, a special item for investment grants can only be considered in the extent of 30% (→ balance sheet analytical equity). For pecularities → debt structure and → provisions rate. A coverage gap – reported in the notes – will lead to an increase in effective debt. For further pecularities → debt structure and → provisions rate. Receivables may contain long-term amounts that have to be eliminated.

Appraisal

+ Indicator for assessment of financing risks, especially in conjunction with (static and dynamic) debt-equity ratio
! Off-balance sheet items are disregarded.
− Less meaningful without linkage to other liquidity ratios

3.16 Effektivverschuldung (relativ)

auch Nettoverschuldung (relativ) genannt

Formel

$$\text{Effektivverschuldung I} = \frac{\text{Fremdkapital}}{\text{monetäres Umlaufvermögen}} \times 100$$

$$\text{Effektivverschuldung II} = \frac{\text{Verbindlichkeiten}}{\text{monetäres Umlaufvermögen}} \times 100$$

(monetäres Umlaufvermögen = liquide Mittel + Wertpapiere + Forderungen aus L+L)

Beispiel

$$\frac{57.558}{21.382} \times 100 = 269{,}19\ \%;\quad \frac{41.424}{21.382} \times 100 = 193{,}73\ \%$$

Aussagekraft und Besonderheit nach HGB

Die Effektivverschuldung (relativ) bringt die Relation von Fremdkapital bzw. Verbindlichkeiten zu kurzfristigem monetären Vermögen zum Ausdruck. Diese Kennzahl zeigt die Verschuldung des Unternehmens unter der Prämisse, dass das Fremdkapital bzw. die Verbindlichkeiten durch liquide Mittel (= Kassenbestand und Guthaben bei Kreditinstituten), kurzfristig gehaltene Wertpapiere und Forderungen aus L+L getilgt würde. Alternativ kann die Effektivverschuldung aus dem zinstragenden Fremdkapital abzüglich kurzfristigem monetären Vermögen und abzüglich langfristiger Rückstellungen berechnet werden.

Zur Besonderheiten HGB → Effektivverschuldung (absolut). Zudem sind ein Passivüberhang latenter Steuern (→ bilanzanalytisches Eigenkapital) sowie erhaltene Anzahlungen, die von den Vorräten abgesetzt wurden, bilanzanalytisch den (kurzfristigen) Verbindlichkeiten zuzurechnen, so dass der Kennzahlenwert erhöht wird.

Würdigung

+ Indikator zur Einschätzung des Finanzierungsrisikos, insb. in Verbindung mit dem (statischen und dynamischen) Verschuldungsgrad.
! Off-Balance-Sheet-Positionen bleiben unberücksichtigt.
− Ohne Verbindung zu anderen Liquiditätskennzahlen wenig aussagekräftig.

Effective debt (relative)

3.16

also referred to as net debt (relative)

Formula

$$\text{effective debt I} = \frac{\text{borrowed capital}}{\text{monetary current assets}} \times 100$$

$$\text{effective debt II} = \frac{\text{liabilities}}{\text{monetary current assets}} \times 100$$

(monetary CA = liquid assets + securities CA + accounts receivable trade)

Example

$$\frac{57{,}558}{21{,}382} \times 100 = 269.19\,\%; \quad \frac{41{,}424}{21{,}382} \times 100 = 193.73\,\%$$

Significance in the context of HGB

Effective debt (relative) expresses the relation of borrowed capital respectively liabilities to monetary current assets. This ratio shows the company's indebtedness under the premise of borrowed capital respectively liabilities being paid off by liquid assets, securities current assets and accounts receivable trade. Alternatively, effective debt can be calculated by subtracting monetary current assets and non-current provisions from interest bearing borrowed capital.

For particularities regarding HGB refer to → Effective debt (absolute). Balance sheet analytically, deferred tax liabilities (→ balance sheet analytical equity) and advances received, which are deducted from inventories, pertain to (current) liabilities and increase the ratio's value.

Appraisal

➕ Indicator for assessment of financing risks, especially in conjunction with (static and dynamic) debt-equity ratio.

❗ Off-balance sheet items are disregarded.

➖ Less meaningful without linkage to other liquidity ratios.

3.17 Tilgungsfähigkeit

Formel

$$\frac{\text{kurzfristige Forderungen}}{\text{kurzfristige Verbindlichkeiten}} \times 100$$

Beispiel

$$\frac{14.532}{21.191} \times 100 = 68,58\,\%$$

Aussagekraft und Besonderheit nach HGB

Die Tilgungsfähigkeit wird aus der Relation kurzfristiger Forderungen zu kurzfristigen Verbindlichkeiten berechnet. Diese Kennzahl gibt die Zahlungsfähigkeit des Unternehmens aus den bestehenden Forderungen an. Je höher diese Kennzahl ist, desto besser ist die Zahlungsfähigkeit des Unternehmens. Ein Kennzahlenwert unter 100% könnte auf Zahlungsschwierigkeiten des Unternehmens hindeuten. Zur besseren Einschätzung möglicher Zahlungsprobleme sollten weitere Liquiditätskennzahlen (→ Effektivverschuldung, → Liquidität 2. Grades) berücksichtigt werden. Ergänzend ist die Betrachtung von → Debitorenumschlag und → Kreditorenlaufzeit zu empfehlen.

Zu beachten ist, dass Forderungen mit einer Restlaufzeit von mehr als einem Jahr angabepflichtig sind und somit der Betrag der kurzfristigen Forderungen abgeleitet werden kann. Ein Passivüberhang latenter Steuern (→ bilanzanalytisches Eigenkapital) sowie erhaltene Anzahlungen, die von den Vorräten abgesetzt wurden, sind bilanzanalytisch den (kurzfristigen) Verbindlichkeiten zuzurechnen, so dass der Kennzahlenwert gemindert wird. Zu weiteren Besonderheiten → Fremdkapitalquote (kurzfristig).

Würdigung

+ Indikator für die Zahlungsfähigkeit des Unternehmens. Hinweise auf Forderungsmanagement und Zahlungszielveränderungen des Unternehmens im Zeitvergleich.

! Ergänzende Betrachtung weiterer Liquiditätskennzahlen.

− Statische Kennzahl, die allein wenig Aussagekraft hat. Keine generelle Aussage über die Liquidität des Unternehmens möglich.

Redemption capability

3.17

Formula

$$\frac{\text{current receivables}}{\text{current liabilities}} \times 100$$

Example

$$\frac{14{,}532}{21{,}191} \times 100 = 68.58\,\%$$

Significance in the context of HGB

Redemption capability is calculated by the relation between current receivables and current liabilities. This ratio specifies the company's solvency from current receivables. The higher this ratio, the better the solvency of the company. A value below 100% might indicate solvency issues. For a better assessment of further possible solvency issues, liquidity ratios (→ effective debt, → first-degree liquidity) should be considered. It is recommended to additionally view → accounts receivable turnover and → days payable outstanding.

It must be pointed out that receivables with a remaining term of one year must be disclosed and therefore allowing current receivables to be derived. Balance sheet analytically, deferred tax liabilities (→ balance sheet analytical equity) and advances received, which are deducted from inventories, pertain to (current) liabilities and decrease the ratio's value. For further pecularities → debt ratio (short-term).

Appraisal

➕ Indicator for the company's solvency; in time comparison this gives information about the company's claims management and changes in payment targets.

❗ Supplementary view of further liquidity ratios recommended

➖ Static ratio with little significance by itself; no general statement about the company's liquidity possible.

Kennzahlen zur Finanzlage

3.18 Kreditorenlaufzeit

auch Lieferantenzielnutzung genannt

Formel

$$\frac{\text{(durchschnittlicher) Verbindlichkeitenbestand aus L + L}}{\text{Materialaufwand} \times (1 + \text{MWSt})} \times 365 \text{ Tage}$$

Beispiel

$$\frac{11.503{,}50^*}{36.172{,}00 \times (1 + 0{,}19)} \times 365 = 98 \text{ Tage}$$

* = (14.426,00 + 8.581,00) / 2

Aussagekraft und Besonderheit nach HGB

Die Kreditorenlaufzeit gibt Aufschluss über die durchschnittliche Zeit, in der ein Lieferantenkredit in Anspruch genommen wird. Die Kennzahl zeigt, nach wie vielen Tagen die Verbindlichkeiten zu Liquiditätsabfluss führen. Anstelle des Materialaufwands kann auch der Wareneinsatz in die Berechnung einfließen. Eine hohe Kreditorenlaufzeit wirkt sich zwar positiv auf die Liquiditätslage des Unternehmens aus. Eine Finanzierung über Lieferantenkredite ist aber teuer und wirkt sich negativ auf die Erfolgslage aus, wenn ein Skontoverlust in Kauf genommen wird. Daher kann eine Senkung der Kreditorenlaufzeit ein Indiz für ein professionelleres Zahlungsmanagement sein. Eine Erhöhung der Kreditorenlaufzeit könnte auf Zahlungsschwierigkeiten hindeuten.

Würdigung

- (+) Aussage über die Finanzierung des Umsatzes bzw. des Materialaufwands durch Lieferanten. Indikator für das Zahlungsmanagement und die Zahlungsfähigkeit des Unternehmens. Bilanzpolitischer Einfluss ist eher gering.

- (!) Höhere Kreditorenlaufzeit kann auf Zahlungsschwierigkeiten zurückzuführen sein.

- (−) Eingeschränkte Aussagekraft, da Informationen zu Fälligkeiten und Zahlungsmoral fehlen.

Days payable outstanding (DPO)

also referred to as supplier target exploitation

Formula

$$\frac{\text{(average amount of) accounts payable trade}}{\text{material expenses} \times (1 + \text{VAT})} \times 365 \text{ days}$$

Example

$$\frac{11{,}503.50^*}{36{,}172.00 \times (1 + 0.19)} \times 365 = 98 \text{ days}$$

* = (4,426.00 + 4,581.00) / 2

Significance in the context of HGB

Days payable outstanding (DPO) gives information about the average time a supplier credit is used. This ratio reveals the number of days after which liabilities induce liquidity outflow. Cost of sales may also be used for the calculation instead of material expenses. Although a high DPO affects the company's liquidity in a positive way, financing through supplier credits is expensive and affects profitability negatively if early payment discounts are sacrificed. That is why lowering DPO might indicate a more professional payments management. An increase in DPO may point to pecuniary difficulties.

Appraisal

- ➕ Statements about supplier financing revenue respectively material expenses. Indicator of the company's payment management and solvency. Influence of accounting policy is rather low.

- ❗ Higher DPO might be the result of financial difficulties.

- ➖ Informative value limited due to the lack of information about maturity and payment behavior

3.19 Kreditorenumschlagshäufigkeit

Formel

$$\frac{\text{Materialaufwand} \times (1 + \text{MWSt})}{\text{(durchschnittlicher) Verbindlichkeitenbestand aus L + L}}$$

Beispiel

$$\frac{36.172,00 \times (1 + 0,19)}{11.503,50^*} = 3,74 \text{ mal}$$

* = (14.426,00 + 8.581,00) / 2

Aussagekraft und Besonderheit nach HGB

Die Kreditorenumschlagshäufigkeit ist der reziproke Wert der → Kreditorenlaufzeit und gibt Aufschluss über die Zahlungsgepflogenheiten des Unternehmens. Die Kennzahl zeigt an, um welchen Faktor die Materialkosten (inkl. MWSt) die (durchschnittlichen) Verbindlichkeiten aus L+L übersteigen. Anstelle des Materialaufwands kann auch der Wareneinsatz in die Berechnung einfließen. Ein fallender Kennzahlenwert bei annähernd konstantem Materialaufwand deutet auf eine schlechtere Zahlungsfähigkeit des Unternehmens hin. In diesem Fall werden die Verbindlichkeiten später beglichen als bei höheren Kreditorenumschlagshäufigkeiten. Allerdings kann ein geringerer Wert auch Ausdruck dafür sein, dass das Unternehmen – aufgrund eines aktiven Zahlungsmanagements – die Zahlungsziele besser ausnutzt als zuvor.

Würdigung

- (+) Hinweis auf die Liquiditätslage des Unternehmens. Indikator für das Zahlungsmanagement und die Zahlungsfähigkeit des Unternehmens.
- (!) Abnahme des Wertes kann aus Liquiditätsproblemen als auch aus besserem Zahlungsmanagement resultieren.
- (−) Eingeschränkte Aussagekraft, da Informationen zu Fälligkeiten und Zahlungsmoral fehlen.

Payables turnover ratio

3.19

Formula

$$\frac{\text{material expenses} \times (1 + \text{VAT})}{(\text{average}) \text{ accounts payable}}$$

Example

$$\frac{36{,}172.00 \times (1 + 0.19)}{11{,}503.50^*} = 3.74 \text{ times}$$

* = (14,426.00 + 8,581.00) / 2

Significance in the context of HGB

Payable turnover ratio is the reciprocal of → days payable outstanding (DPO) and gives information about the company's payment practice. The ratio reveals the factor by which material expenses (including VAT) exceed the (average) amount of accounts payable trade. Cost of sales may also be used for the calculation instead of material expenses. A decrease in the ratio's value while material expenses are practically constant hints to a deteriorating solvency of the company. In this case, liabilities are settled later than with a higher payables turnover ratio. However, a lower value might also indicate that the company is exploiting payment targets – due to an active payment management – better than before.

Appraisal

➕ Points out the company's liquidity position; indicator for the company's payment management and solvency.

❗ Decreasing value might be the result of financial difficulties as well as better payment management.

➖ Informative value limited due to the lack of information about maturity and payment behavior.

Kennzahlen zur Finanzlage

3.20 Geldumschlagsdauer

Formel

Kundenziel + Bindungsdauer des Vorratsvermögens − Kreditorenlaufzeit

Beispiel

96 + 44 − 98 = 42 Tage

Aussagekraft und Besonderheit nach HGB

Die Kennzahl Geldumschlagsdauer ist – unter Außer-Acht-Lassung der Produktionszeit – ein Indikator für die durchschnittliche Dauer, die benötigt wird, um die eingesetzten liquiden Mittel (= Kassenbestand und Guthaben bei Kreditinstituten) des Rohstoffeinkaufs durch den Umsatzprozess zurückzugewinnen. Je geringer der Kennzahlenwert, desto schneller stehen dem Unternehmen die für den Einkauf von Rohstoffen eingesetzten Mittel wieder für neue Investitionen zur Verfügung. Ein Wert kleiner als null bedeutet, dass die Lieferanten über den Umsatzprozess hinweg nicht nur die Rohstoffe, sondern weitere Investitionen finanzieren. Die fehlende Berücksichtigung der Produktionszeit ist bei Massenfertigung vertretbar, bei Einzelfertigung, insb. bei langfristiger Auftragsfertigung, dagegen nicht.

Zu Besonderheiten HGB → Kundenziel und → Bindungsdauer des Vorratsvermögens.

Würdigung

+ Aussage über das Ausmaß der Finanzierung von Rohstoffen durch Lieferanten. Bilanzpolitischer Einfluss eher gering.

! Betriebsvergleich setzt gleiche Branche voraus. Eignung für Massenfertigung, nicht aber für (langfristige) Einzelfertigung.

− Rückschluss auf die Liquidität ist nur bedingt möglich.

Cash conversion cycle (CCC)

3.20

Formula

customer payment target + commitment period of inventories − days payable outstanding

Example

96 + 44 − 98 = 42 days

Significance in the context of HGB

The cash conversion cycle – without considering production time – indicates the average time necessary in the revenue process to regain liquid assets (= cash on hand and bank balances) from raw material purchase. The lower the ratio's value, the quicker the financial means (from raw material purchase) are available again to the company for new investment. A value lower than zero means that suppliers not only finance raw materials during the revenue process, but also additional investments. Not considering production time is justifiable for mass production; whereas for individual production, particularly long-term manufacturing, it needs to be taken into account.

For particularities under HGB accounting see also → customer payment target and → commitment period of inventories.

Appraisal

➕ Statement about supplier financing raw materials; influence of accounting policy is rather small.

❗ Intercompany comparison requires the same sector. Suited for mass production, but not for individual (long-term) production.

➖ Conclusions on liquidity only possible to a limited extent

3.21 Liquidität 1. Grades

auch Liquiditätskoeffizient 1 oder Barliquidität genannt

Formel

$$\text{Liquidität 1. Grades} = \frac{\text{Liquide Mittel}}{\text{kurzfristige Verbindlichkeiten}} \times 100$$

$$\text{oder} = \frac{\text{Liquide Mittel}}{\text{kurzfristiges Fremdkapital}} \times 100$$

Beispiel

$$\frac{4.309}{21.191} \times 100 = 20{,}33\ \% \ ; \quad \frac{4.309}{27.503} \times 100 = 15{,}67\ \%$$

Aussagekraft und Besonderheit nach HGB

Kennzahl zur Beurteilung der statischen Liquidität, die nur auf Bestandsgrößen der Bilanz basiert und keine Zahlungsströme berücksichtigt. Anstelle der kurzfristigen Verbindlichkeiten kann auch das kurzfristige Fremdkapital im Nenner stehen. Die Liquidität 1. Grades bringt zum Ausdruck, welcher Anteil an kurzfristigen Verbindlichkeiten durch liquide Mittel (= Kassenbestand und Guthaben bei Kreditinstituten) gedeckt ist. Damit können Aussagen darüber getroffen werden, wie gut das Unternehmen in der Lage ist, seinen Zahlungsverpflichtungen nachzukommen. Alternativ können die mittelfristigen Verbindlichkeiten berücksichtigt werden. Allerdings ist die Aussagekraft gering, da zusätzlich zu liquiden Mitteln bspw. auch kurzfristige Forderungen zur Begleichung der Verbindlichkeiten zur Verfügung stehen (→ Liquidität 2. Grades). Die Liquidität sollte grundsätzlich nicht zu hoch sein, da dies zu Lasten der Rentabilität geht. Ein Passivüberhang latenter Steuern (→ bilanzanalytisches Eigenkapital) sowie erhaltene Anzahlungen, die von den Vorräten abgesetzt wurden, sind bilanzanalytisch den (kurzfristigen) Verbindlichkeiten zuzurechnen, so dass der Kennzahlenwert vermindert wird. Zu weiteren Besonderheiten → Fremdkapitalquote (kurzfristig).

Würdigung

+ Im Zeitvergleich können Rückschlüsse auf die Qualität der Finanzplanung gezogen werden.

! Betriebsvergleich ist nur im Hinblick auf Verhaltensmuster sinnvoll, nicht aber für die relative Beurteilung der Zahlungsfähigkeit. Statische Kennzahl sollte durch dynamische Liquiditätskennzahlen ergänzt werden.

− Beschränkte Aussagekraft, da die Zahlungsfähigkeit zu jeder Zeit und nicht nur am Bilanzstichtag erfüllt sein muss.

First-degree liquidity

3.21

also referred to as first-degree liquidity ratio or cash ratio

Formula

$$\text{first-degree liquidity} = \frac{\text{liquid assets}}{\text{current liabilities}} \times 100$$

$$\text{or} = \frac{\text{liquid assets}}{\text{short-term borrowed capital}} \times 100$$

Example

$$\frac{4{,}309}{21{,}191} \times 100 = 20.33\,\% \,; \quad \frac{4{,}309}{27{,}503} \times 100 = 15.67\,\%$$

Significance in the context of HGB

This is a ratio to evaluate static liquidity. It is solely based on balance-sheet items and does not consider any cash flows. Instead of current liabilities, the short-term borrowed capital may also be used in the denominator. First-degree liquidity expresses the proportion of current liabilities covered by liquid assets (= cash on hand and bank balances). Using this ratio, statements can be made about the company's ability to meet its payment obligations. As an alternative, medium-term liabilities can be considered. However, the informative value is rather low, because, additionally to liquid assets, current receivables are also available to settle liabilities (→ second-degree liquidity). Liquidity is at the expense of profitability and, therefore, should not be too high. Balance sheet analytically, deferred tax liabilities (→ balance sheet analytical equity) and advances received, which are deducted from inventories, pertain to (current) liabilities, and decrease the ratio's value. For further pecularities → debt ratio (short-term).

Appraisal

- ➕ In time comparison conclusions can be drawn regarding the quality of financial planning.

- ❗ Inter-company comparison is only useful with regard to behavioral patterns, not for relative evaluation of solvency. Static ratio should be supplemented by dynamic liquidity ratios.

- ➖ Informative value is limited, since the ability to meet financial obligations must be fulfilled at any time and not only at balance sheet date.

3.22 Liquidität 2. Grades

auch Liquiditätskoeffizient 2 genannt

Formel

$$\text{Liquidität 2.Grades} = \frac{\text{monetäres Umlaufvermögen}}{\text{kurzfristige Verbindlichkeiten}} \times 100$$

$$\text{oder} = \frac{\text{monetäres Umlaufvermögen}}{\text{kurzfristiges Fremdkapital}} \times 100$$

(monetäres Umlaufvermögen = liquide Mittel + Wertpapiere + Forderungen aus L + L)

Beispiel

$\frac{21.382}{21.191} \times 100 = 100{,}90\,\%$; $\frac{21.382}{27.503} \times 100 = 77{,}74\,\%$

Aussagekraft und Besonderheit nach HGB

Kennzahl zur Beurteilung der statischen Liquidität. Die Liquidität 2. Grades bringt zum Ausdruck, welcher Anteil an kurzfristigen Verbindlichkeiten durch kurzfristiges monetäres Vermögen gedeckt ist. Anstelle der kurzfristigen Verbindlichkeiten kann auch das kurzfristige Fremdkapital im Nenner stehen. Da bei dieser Kennzahl neben liquiden Mitteln (= Kassenbestand und Guthaben bei Kreditinstituten) auch „geldnahe", d.h. unmittelbar kurzfristig in Zahlungsmittel umwandelbare Vermögensteile Berücksichtigung finden, wird die Zahlungsfähigkeit im Vergleich zur Liquidität 1. Grades auf einer breiteren Basis betrachtet. Ebenso können auch hier Aussagen darüber getroffen werden, wie gut das Unternehmen in der Lage ist, seinen Zahlungsverpflichtungen nachzukommen. Alternativ können die mittelfristigen Verbindlichkeiten berücksichtigt werden. Diese Kennzahl wird häufig zur Beurteilung der Kreditwürdigkeit herangezogen. Die Liquidität 2. Grades sollte 100% übersteigen, so dass die kurzfristigen Verbindlichkeiten durch liquide Mittel (= Kassenbestand und Guthaben bei Kreditinstituten) und Forderungen gedeckt sind. Die Kennzahl sollte aber nicht zu hoch sein, da dies zu Lasten der Rentabilität geht.

Zu Besonderheiten → Liquidität 1. Grades.

Würdigung

- (+) Im Zeitvergleich können Rückschlüsse auf die Kreditwürdigkeit gezogen werden.
- (!) Betriebsvergleich ist nur bedingt aussagefähig.
- (−) Beschränkte Aussagekraft, da die Zahlungsfähigkeit zu jeder Zeit und nicht nur am Bilanzstichtag erfüllt sein muss. Statische Kennzahl sollte durch dynamische Liquiditätskennzahlen ergänzt werden.

Financial Standing Ratios

Second-degree liquidity

3.22

also referred to as second-degree liquidity ratio or quick ratio

Formula

$$\text{second-degree liquidity} = \frac{\text{monetary current assets}}{\text{current liabilities}} \times 100$$

$$\text{or} = \frac{\text{monetary current assets}}{\text{short-term borrowed capital}} \times 100$$

(monetary CA = liquid assets + securities CA + accounts receivable trade)

Example

$$\frac{21,382}{21,191} \times 100 = 100.90\,\% \,; \quad \frac{21,382}{27,503} \times 100 = 77.74\,\%$$

Significance in the context of HGB

This is a ratio to evaluate static liquidity. Second-degree liquidity expresses the proportion of current liabilities covered by monetary current assets. Instead of current liabilities short-term borrowed capital may also be used in the denominator. Since this ratio, in addition to liquid assets (= cash on hand and bank balances) also includes cash equivalents, which can be converted instantly into means of payment, the ability to meet financial obligations is viewed on a broader basis in comparison with first-degree liquidity. Similarly, statements can be made about the company's financial solvency. As an alternative, medium-term liabilities can be considered. This ratio is often used to evaluate creditworthiness. Second-degree liquidity should exceed 100%, so that current liabilities are covered by liquid assets (= cash on hand and bank balances) and receivables. Liquidity is at the expense of profitability and, therefore, should not be too high.

For particularities → first-degree liquidity.

Appraisal

➕ In time comparison conclusions can be drawn regarding creditworthiness.

❗ Inter-company comparison has only limited relevance.

➖ Informative value is limited, since the ability to meet financial obligations must be fulfilled at any time and not only at balance sheet date. Static ratio should be supplemented by dynamic liquidity ratios.

3.23 Liquidität 3. Grades

auch Liquiditätskoeffizient 3 genannt

Formel

$$\text{Liquidität 3.Grades} = \frac{\text{Umlaufvermögen*}}{\text{kurzfristige Verbindlichkeiten}} \times 100$$

$$\text{oder} = \frac{\text{Umlaufvermögen*}}{\text{kurzfristiges Fremdkapital}} \times 100$$

* Umlaufvermögen zzgl. aktiver Rechnungsabgrenzungsposten (ohne Disagio)

Beispiel

$$\frac{30.677}{21.191} \times 100 = 144{,}76\,\% \; ; \quad \frac{30.677}{27.503} \times 100 = 111{,}54\,\%$$

Aussagekraft und Besonderheit nach HGB

Kennzahl zur Beurteilung der statischen Liquidität. Die Liquidität 3. Grades bringt zum Ausdruck, welcher Anteil an kurzfristigen Verbindlichkeiten durch Umlaufvermögen gedeckt ist. Im Vergleich zur Liquidität 2. Grades werden hier auch die Vorräte und sonstigen Vermögensgegenstände im Zähler hinzugerechnet, weil diese annahmegemäß kurzfristig in die Produktion einfließen und liquidiert werden. Alternativ können die mittelfristigen Verbindlichkeiten berücksichtigt werden. Diese Kennzahl wird auch als „banker's rule" oder „2:1-Regel" bezeichnet. Diese Kennzahl sollte 200% betragen. Ein Kennzahlenwert unter 100% gilt als existenzbedrohend, weil in diesem Fall bereits Vorräte zur Liquidierung herangezogen werden. Ein eiserner Bestand muss erhalten bleiben, da deren Abgang eine der letzten Maßnahmen zur Liquiditätsbeschaffung wäre.

Anstelle der kurzfristigen Verbindlichkeiten kann auch das kurzfristige Fremdkapital im Nenner stehen.

Zu beachten ist, dass im Umlaufvermögen auch langfristige Forderungen und langfristige sonstige Vermögensgegenstände auszuweisen sind. Zu weiteren Besonderheiten → Umlaufintensität sowie → Liquidität 1. Grades.

Würdigung

+ Nutzung als Krisenindikator, wenn die Kennzahl nahe 100% oder kleiner ist. Im Zeitvergleich können Rückschlüsse auf die „Bilanzpflege" gezogen werden.

! Betriebsvergleich ist nur bedingt aussagefähig.

− Statische Kennzahl sollte durch dynamische Liquiditätskennzahlen ergänzt werden.

Third-degree liquidity

3.23

also referred to as third-degree liquidity ratio or current ratio

Formula

$$\text{third-degree liquidity} = \frac{\text{current assets*}}{\text{current liabilities}} \times 100$$

$$\text{or} = \frac{\text{current assets*}}{\text{short-term borrowed capital}} \times 100$$

* current assets plus accruals (without debt discount)

Example

$$\frac{30{,}677}{21{,}191} \times 100 = 144.76\ \%\ ;\quad \frac{30{,}677}{27{,}503} \times 100 = 111.54\ \%$$

Significance in the context of HGB

This ratio evaluates static liquidity. Third-degree liquidity expresses the proportion of current liabilities covered by current assets. In comparison with second-degree liquidity, inventory and other assets are included in the numerator, because these are assumed to flow into production quickly, therefore being liquidated. As an alternative, medium-term liabilities can be considered. This ratio is also referred to as "banker's rule" or "2:1-rule". The value of this ratio should amount to 200%. A value below 100% is deemed to threaten the company's existence, because then even inventories are used for liquidation. A base stock must be maintained. That would be one of the last measures to procure liquidity.

In place of current liabilities, short-term borrowed capital can also be used in the denominator.

Attention should be paid to the fact that non-current receivables and non-current other assets are also to be reported as part of current assets. For further particularities → current asset intensity and → first-degree liquidity.

Appraisal

- ➕ Can be used as an indicator for crisis if the ratio is near 100% or below.
- ❗ Inter-company comparison is of limited relevance.
- ➖ In time comparison conclusions can be drawn regarding window dressing. static ratio should be supplemented by dynamic liquidity ratios.

3.24 Working Capital (absolut)

Formel	Beispiel
Umlaufvermögen*	30.677 Mio. €
− kurzfristige Verbindlichkeiten	21.191 Mio. €
= Working Capital (absolut)	9.486 Mio. €

* Umlaufvermögen zzgl. aktiver Rechnungsabgrenzungsposten (ohne Disagio)

Aussagekraft und Besonderheit nach HGB

Das Working Capital (absolut) ist der Überschuss des Umlaufvermögens über die kurzfristigen Verbindlichkeiten. Anstelle der kurzfristigen Verbindlichkeiten wird zum Teil auch das kurzfristige Fremdkapital verwendet, womit eine Reduzierung des Working Capital (absolut) verbunden wäre. Das Working Capital stellt jenes kurzfristige Vermögen dar, das nicht zur Deckung der kurzfristigen Zahlungsverpflichtungen gebunden ist, sondern für das Unternehmen im Beschaffungs-, Produktions- und Absatzprozess „arbeiten" kann. Alternativ kann daher die Berechnung erfolgen, indem ausgehend vom Umlaufvermögen die liquiden Mittel (= Kassenbestand und Guthaben bei Kreditinstituten) und die kurzfristigen, nicht-zinstragenden Verbindlichkeiten in Abzug gebracht werden. Je höher das Working Capital, desto besser ist die Liquiditätslage des Unternehmens. Ein negatives Working Capital kann nur dann positiv interpretiert werden, wenn die Lieferanten die Umsätze – wie in einigen Branchen üblich – vorfinanzieren. Das Working Capital ist bei der Berechnung des → Cashflows aus laufender Geschäftstätigkeit (indirekt) zu berücksichtigen.

Zu beachten ist, dass im Umlaufvermögen auch langfristige Forderungen und langfristige sonstige Vermögensgegenstände auszuweisen sind; siehe auch Umlaufintensität. Ein Passivüberhang latenter Steuern (→ bilanzanalytisches Eigenkapital) sowie erhaltene Anzahlungen, die von den Vorräten abgesetzt wurden, sind bilanzanalytisch den (kurzfristigen) Verbindlichkeiten zuzurechnen, so dass der Kennzahlenwert vermindert wird. Zu weiteren Besonderheiten → Fremdkapitalquote (kurzfristig).

Würdigung

- ➕ Hinweis auf die Stärke des Unternehmens, Kosten an Lieferanten oder Produzenten weiterleiten zu können.
- ➖ Statische Kennzahl sollte durch dynamische Liquiditätskennzahlen ergänzt werden.

Working capital (absolute)

3.24

Formula

current assets*	
– current liabilities	
= working capital (absolute)	

Example

30,677 € million
21,191 € million
9,486 € million

* current assets plus accruals (without debt discount)

Significance in the context of HGB

Working capital (absolute) is the difference between current assets and current liabilities. In place of current liabilities, short-term borrowed capital is also used, which leads to a reduction of working capital (absolute). Working capital represents the current assets, which are not committed to cover current payment obligations, but working for the company in the procurement, manufacturing and distribution process. An alternative calculation method is to subtract liquid assets (= cash on hand and bank balances) and current, non-interest-bearing liabilities from current assets. The higher the working capital, the better the liquidity position of the company. A negative working capital can only be interpreted positively if suppliers pre-finance revenue – as is usual in some sectors. Working capital must be considered when calculating → cash flow from operating activities (indirect).

Attention should be paid to the fact that non-current receivables and non-current other assets are also to be reported as part of current assets. See also → current asset intensity. Balance sheet analytically, deferred tax liabilities (→ balance sheet analytical equity) and advances received, which are deducted from inventories, pertain to (current) liabilities, and decrease the ratio's value. For further pecularities → debt ratio (short-term).

Appraisal

➕ Hints at the company's power to pass on costs to suppliers or manufacturers.

➖ Static ratio should be supplemented by dynamic liquidity ratios.

3.25 Working Capital (relativ)

Formel

$$\frac{\text{Umlaufvermögen*}}{\text{kurzfristige Verbindlichkeiten}} \times 100$$

* Umlaufvermögen zzgl. aktiver Rechnungsabgrenzungsposten (ohne Disagio)

Beispiel

$$\frac{30.677}{21.191} \times 100 = 144{,}76\ \%$$

Aussagekraft und Besonderheit nach HGB

Das Working Capital (relativ) stellt das Umlaufvermögen in Relation zu den kurzfristigen Verbindlichkeiten dar. Anstelle der kurzfristigen Verbindlichkeiten wird auch das kurzfristige Fremdkapital verwendet, womit eine Reduzierung des Kennzahlenwerts verbunden wäre. Das Working Capital (relativ) stellt jenen Anteil am kurzfristigen Vermögen dar, der nicht zur Deckung der kurzfristigen Zahlungsverpflichtungen gebunden ist, sondern für das Unternehmen im Beschaffungs-, Produktions- und Absatzprozess „arbeiten" kann. Alternativ kann daher die Berechnung erfolgen, indem das Umlaufvermögen abzüglich liquider Mittel (= Kassenbestand und Guthaben bei Kreditinstituten) in Relation zu den kurzfristigen, nicht-zinstragenden Verbindlichkeiten gesetzt wird.

Je höher das Working Capital, desto besser ist die Liquiditätslage des Unternehmens. Ein geringes Working Capital kann nur dann positiv interpretiert werden, wenn die Lieferanten die Umsätze – wie in einigen Branchen üblich – vorfinanzieren.

Zu bilanzanalytischen Besonderheiten → Working Capital (absolut).

Würdigung

+ Hinweis auf die Stärke des Unternehmens, Kosten an Lieferanten oder Produzenten weiterleiten zu können.

! Statische Kennzahl sollte durch dynamische Liquiditätskennzahlen ergänzt werden.

Working capital (relative)

3.25

Formula

$$\frac{\text{current assets}^*}{\text{current liabilities}} \times 100$$

* current assets plus accruals (without debt discount)

Example

$$\frac{30,677}{21,191} \times 100 = 144.76\ \%$$

Significance in the context of HGB

Working capital (relative) represents current assets in relation to current liabilities. In place of current liabilities, short-term borrowed capital may be used, which leads to a reduction of the ratio's value. Working capital (relative) represents the part of current assets, which are not committed to cover current payment obligations, but working for the company in the procurement, manufacturing and distribution process. An alternative way of reckoning is to put the difference between current assets and liquid assets (= cash on hand and bank balances) in relation to current, non-interest-bearing liabilities.

The higher the working capital, the better the liquidity position of the company. A negative working capital can only be interpreted positively if suppliers prefinance revenue – as is usual in some sectors.

For balance sheet analytical pecularities → working capital (absolute)

Appraisal

➕ Hints at the company's power to pass on costs to suppliers or manufacturers.

❗ Static ratio should be supplemented by dynamic liquidity ratios.

Kennzahlen zur Finanzlage

3.26 Kapitalbindungsdauer

Formel

$$\frac{\text{Verbindlichkeiten aus L+L}}{\text{Umsatz}} \times 365$$

Beispiel

$$\frac{14.426}{56.675} \times 365 = 93 \text{ Tage}$$

Aussagekraft und Besonderheit nach HGB

Die Kapitalbindungsdauer zeigt, wie lange das Unternehmen benötigt, um bei gegebenem Umsatz die Verbindlichkeiten aus Lieferungen und Leistungen zu tilgen. Die Relation aus Verbindlichkeiten aus Lieferungen und Leistungen zu Umsatz drückt als Faktor aus, wie oft der Umsatz die genannten Verbindlichkeiten aus Lieferungen und Leistungen in dieser Periode eingespielt hat. Die Kapitalbindung ist um so besser zu beurteilen, je kleiner der Wert ausfällt.

Ein Passivüberhang latenter Steuern (→ bilanzanalytisches Eigenkapital) sowie erhaltene Anzahlungen, die von den Vorräten abgesetzt wurden, sind bilanzanalytisch den (kurzfristigen) Verbindlichkeiten zuzurechnen, so dass der Kennzahlenwert erhöht wird. Zu weiteren Besonderheiten → Fremdkapitalquote (kurzfristig).

Würdigung

- ➕ Hinweise über die Liquiditätslage, da erkennbar ist, welcher Teil des Umsatzes nach Tilgung der Verbindlichkeiten verbleibt.
- ➖ Geringe Aussagekraft; Berücksichtigung weiterer Liquiditätskennzahlen notwendig. Statische Kennzahl sollte durch dynamische Finanzkennzahlen ergänzt werden.

Capital commitment period

Formula

$$\frac{\text{accounts payable trade}}{\text{revenue}} \times 365$$

Example

$$\frac{14{,}426}{56{,}675} \times 365 = 93 \text{ days}$$

Significance in the context of HGB

Capital commitment period shows the length of time needed for the company to pay off liabilities from accounts payable trade at a given revenue. The relationship between accounts payable trade to revenue illustrates how often revenue brings in the aforementioned liabilities. The smaller the capital commitment period's value, the better its assessment.

Balance sheet analytically, deferred tax liabilities ($\rightarrow$ balance sheet analytical equity) and advances received, which are deducted from inventories, pertain to (current) liabilities, and increase the ratio's value. For further pecularities $\rightarrow$ debt ratio (short-term).

Appraisal

- ➕ Indicator of the company's liquidity position, since it is possible to identify the part of revenue which remains after repayment of liabilities.
- ➖ Low informative value. Consideration of further liquidity ratios is necessary. Static ratio should be supplemented by dynamic financial ratios.

4 Kennzahlen zur Erfolgsanalyse

Performance Analysis Ratios

Kennzahlen zur Erfolgsanalyse

4.1 (Ordentliches) Betriebsergebnis

auch operatives oder betriebliches Ergebnis genannt

Formel	Beispiel
Umsatzerlöse	56.675 Mio. €
− Herstellungskosten des Umsatzes	45.900 Mio. €
− Verwaltungs- und Vertriebskosten	7.910 Mio. €
− ordentliche sonstige betriebliche Aufwendungen	2.279 Mio. €*
+ ordentliche sonstige betriebliche Erträge	1.056 Mio. €**
− sonstige Steuern	37 Mio. €
+ funktional verteilte außerplanmäßige Aufwendungen	533 Mio. €
= (ordentliches) Betriebsergebnis	2.138 Mio. €

* = 3.627 − 723 − 625
** = 344 + 712

Aussagekraft und Besonderheit nach HGB

Das Betriebsergebnis ist eine Kennzahl zur strukturellen Erfolgsanalyse (Erfolgsspaltung). Es umfasst diejenigen Erträge und Aufwendungen der Periode, die regelmäßig aus der eigentlichen Geschäftstätigkeit des Unternehmens stammen und somit aus der Umsatztätigkeit des Unternehmens resultieren. Als Abgrenzungskriterien gelten Nachhaltigkeit, Periodenbezogenheit und Betriebszugehörigkeit. Steuern vom Einkommen und Ertrag werden gesondert erfasst. Probleme bestehen bei der Zuordnung der sonstigen betrieblichen Erträge/Aufwendungen, weil diese als sog. Sammelposten auch nicht regelmäßig wiederkehrende Erfolgskomponenten (z. B. Erträge aus Versicherungsentschädigungen) enthalten können. Abgrenzungsprobleme zum → unregelmäßigen Jahresergebnis bestehen z. B. bei Abschreibungen auf Forderungen oder Erträgen aus dem Eingang bereits abgeschriebener Forderungen.

Würdigung

- ⊕ Zeigt das Ergebnis aus der betrieblichen Unternehmenstätigkeit.
- ❗ Zinsaufwendungen aus der Aufzinsung von Rückstellungen gehören zum Finanzergebnis.
- ⊖ Bei externer Analyse bestehen häufig mangels konkreter Angaben Probleme bei der Zuordnung der Erfolgskomponenten.

(Ordinary) operating result 4.1

Formula	Example
revenues	56,675 € million
− cost of sales	45,900 € million
− administration and distribution expenses	7,910 € million
− ordinary other operating expenses	2,279 € million*
+ ordinary other operating income	1,056 € million**
− other taxes	37 € million
+ functionally distributed impairment on fixed assets	533 € million
= (ordinary) operating result	2,138 € million

* = 3,627 − 723 − 625
** = 344 + 712

Significance in the context of HGB

Operating result is a ratio for structural performance analysis (result breakdown). It includes the period's income and expenses that originate from the company's distribution activity. Sustainability, period reference and company affiliation are used as demarcation criteria. Taxes on income are recorded separately. Problems may occur in assigning other operating income and expenses, since these items, referred to as compound items, include non-current profit components (e.g. income from insurance compensation). Demarcation problems with → irregular annual result may occur from depreciations on receivables or income from already written-off receivables.

Appraisal

- (+) Shows the result from operating business activity.
- (!) Interest expenses from compounding of provisions belong to the financial result.
- (−) For external analysis, problems often occur for the demarcation of profit components, especially with regard to regularity, due to the lack of specific information.

4.2 (Ordentliches) Finanzergebnis

auch Finanz- und Verbunderfolg oder betriebsfremdes Ergebnis genannt

Formel		Beispiel
	Zinsen und ähnliche Erträge	280 Mio. €
−	Zinsen und ähnliche Aufwendungen	946 Mio. €
−	Zinsen aus der Aufzinsung von Rückstellungen	775 Mio. €
+/−	Erträge aus Wertpapieren und anderen Ausleihungen	565 Mio. €
=	Zins- und sonstiges Finanzergebnis (a)	876 Mio. €
+	Erträge aus Beteiligungen	1.018 Mio. €
+	Erträge aus Gewinngemeinschaften	0 Mio. €
−	Aufwendungen aus Verlustübernahme	0 Mio. €
=	Verbund-/Beteiligungsergebnis (b)	1.018 Mio. €
=	(ordentliches) Finanzergebnis (a + b)	142 Mio. €

Aussagekraft und Besonderheit nach HGB

Der Finanz- und Verbunderfolg umfasst alle Erträge und Aufwendungen aus Kapitalanlagen und aus Kapitalverflechtungen. Dieses Ergebnis stammt damit nicht aus der eigentlichen Geschäftstätigkeit des Unternehmens, wird aber als nachhaltige Erfolgsquelle angesehen. Der Einzelabschluss kann nur zusammen mit dem Konzernabschluss sinnvoll interpretiert werden, weil der wirtschaftliche Erfolg von Tochterunternehmen mit konzernpolitisch begründeten Ergebnisabführungen vermischt wird, z. B. mögliche Diskrepanzen zwischen Jahresüberschuss (Gewinn oder Verlust) und Ausschüttung bei einem Beteiligungsunternehmen. Erträge aus Verlustübernahme finden keine Berücksichtigung im Finanzergebnis, da es sich um einen Verlustausgleich handelt. Auch Aufwendungen aus Gewinngemeinschaften etc. stellen keinen Aufwand dar, da es sich um abgeführte Gewinne handelt und insofern eher eine Gewinnverwendung vorliegt.

Würdigung

- (+) Verbunderfolg zeigt im Zeitvergleich die Integration in den Konzernverbund.
- (!) Zusätzliche Analyse des Konzernabschlusses ist zu empfehlen. Finanzierungskosten könnten auch dem Betriebsergebnis zugerechnet werden.
- (−) Geringe Aussagefähigkeit des Verbundergebnisses bei ausschließlicher Analyse des Einzelabschlusses.

(Ordinary) financial result 4.2

also referred to as financial and compound result or non-operating result

Formula	**Example**
interest and similar income	280 € million
− interest and similar expenses	946 € million
− interest from provisions compounding	775 € million
+/− earnings from securities and other loans	565 € million
= interest and other financial result (a)	876 € million
+ earnings from participations	1,018 € million
+ income from profit pooling	0 € million
− expenses from loss absorption	0 € million
= compound/ participation result (b)	1,018 € million
= (ordinary) financial result (a + b)	142 € million

Significance in the context of HGB

The financial and compound result includes all income and expenses from capital investment and cross holdings. Therefore, this result does not originate from the company's actual business activity, but is still regarded as a sustainable profit source. The individual financial statement can only be interpreted reasonably along with the consolidated financial statement, because the subsidiary's economic success is mingled with combined politically justified profit transfers, for example possible discrepancies between profit or loss (annual result) and payout by an associated company. Income from loss transfer will not be considered in the financial result, due to the fact that it is a loss compensation. Expenses from profit pooling, etc. do not constitute as expenditure, since it is distributed profits and thus more likely to present an appropriation of profits.

Appraisal

➕ In time comparison the compound results shows the integration into the corporate group.

❗ Additional analysis of the consolidated results is recommended. Financing costs could also be attributed to the operating result.

➖ Low informative value of compound result when only analyzing the individual financial statement.

Kennzahlen zur Erfolgsanalyse

4.3 Unregelmäßiges Jahresergebnis

einschließlich Bewertungsergebnis

Formel		Beispiel
	unregelmäßige betriebliche Erträge	1.743 Mio. €*
−	unregelmäßige betriebliche Aufwendungen	−1.348 Mio. €**
−	außerplanmäßige Abschreibungen	−533 Mio. €
=	unregelmäßiges Betriebsergebnis (a)	−138 Mio. €
−/+	Abschreibungen auf Finanzanlagen und auf Wertpapiere des FAV	−220 Mio. €
+/−	sonstige unregelmäßige finanzielle Erträge/Aufwendungen	62 Mio. €
=	unregelmäßiges Finanzergebnis (b)	−158 Mio. €
=	unregelmäßiges Jahresergebnis (a + b)	−296 Mio. €

* = 2.799 − 344 − 712
** = 723 + 625

Aussagekraft und Besonderheit nach HGB

Das unregelmäßige Jahresergebnis umfasst alle Erfolgsbeiträge, die nicht nachhaltig und periodenfremd sind, und ist schwer prognostizierbar. Dazu zählen unter anderem die in den sonstigen betrieblichen Erträgen/Aufwendungen ausgewiesenen Liquidations- (z. B. Erträge/Aufwendungen aus Anlagenabgängen) und Bewertungserfolge (z. B. Erträge aus der Auflösung von Rückstellungen, Zuschreibungen) und weitere unregelmäßige Erfolgsbeiträge, wie z. B. Erträge aus Versicherungsentschädigungen. Zudem zählen außerplanmäßige Abschreibungen zum unregelmäßigen Betriebsergebnis.

Würdigung

➕ Im Zeitvergleich Korrekturfunktion des unregelmäßigen Erfolgs erkennbar.

❗ Ermittlung setzt entsprechende Anhangangaben voraus.

➖ Abgrenzung zum Betriebsergebnis in Einzelfällen nicht eindeutig.

Irregular annual result

4.3

including valuation result

Formula

		Example
	irregular operating income	1,743 € million*
−	irregular operating expenses	−1,348 € million**
+/−	impairment losses	−533 € million
=	irregular operating result (a)	−138 € million
−/+	depreciation on financial assets and financial asset securities	−220 € million
+/−	other irregular financial income/expenses	62 € million
=	irregular financial result (b)	−158 € million
=	irregular annual result (a + b)	−296 € million

* = 2,799 − 344 − 712
** = 723 + 625

Significance in the context of HGB

An irregular annual result is difficult to predict and includes all profit contributions that are not sustainable and relating to other periods. This includes liquidation (e.g. income/expenses from asset disposal) and valuation earnings (e.g. income from dissolution of provisions, appreciation), which are reported as other operating expenses/income and additional irregular profit contributions (e.g. income from insurance compensation). In addition, impairment losses are reckoned as irregular operating result.

Appraisal

➕ In time comparison, correction function of irregular profit is visible.

❗ Determination requires disclosure in the appendix.

➖ Demarcation to operating result is not clear in particular cases.

Kennzahlen zur Erfolgsanalyse

4.4 Jahresergebnis, bereinigtes Jahresergebnis

auch Gewinn oder Verlust genannt

Formel		Beispiel
	Jahresergebnis nach Steuern (Jahresüberschuss)	1.638,00 Mio. €
+/–	Auflösung/Bildung stiller Reserven (quantitativ benannt)	131,58 Mio. €*
+/–	Auflösung/Bildung stiller Reserven (geschätzt)	0,00 Mio. €
=	Bereinigtes Jahresergebnis	1.769,58 Mio. €

* = Stille Reserven (Lifo-Reserve und Differenz zwischen Zeit- und Buchwert von Wertpapieren) GJ (127 + 677) – Stille Reserven VJ (92 + 540), korrigiert um latente Steuern (1 – 0,235)

** Zur Berechnung siehe → Stille Reserven/stille Lasten

Aussagekraft und Besonderheit nach HGB

Das Jahresergebnis nach Steuern (Jahresüberschuss) umfasst alle periodenbezogenen Erträge und Aufwendungen eines Unternehmens einschließlich aller Finanzerträge und -aufwendungen. Das Jahresergebnis wird daher von der Kapitalstruktur des Unternehmens beeinflusst. Je höher die Eigenkapitalquote eines Unternehmens ist, desto geringer ist die Zinsbelastung. Das Jahresergebnis ist eine zentrale Größe für die Berechnung wichtiger Kennzahlen, z. B. → Eigenkapitalrendite, → Return On Investment, → Gewinn je Aktie. Im bereinigten Jahresergebnis sind bilanzpolitische Maßnahmen – soweit erkennbar und ermittelbar – eliminiert, indem die Ergebniseffekte der → stillen Reserven korrigiert werden.

Bei Betriebsvergleichen ist die Verwendung des Ergebnisses vor Steuern (→ EBT) zu empfehlen, um unterschiedliche Steuereffekte zu eliminieren.

Zudem ist zu berücksichtigen, dass das Jahresergebnis durch unterschiedliche Ausnutzung von Aktivierungswahlrechten sowie des Einbeziehungswahlrechts für Verwaltungskosten und Fremdkapitalzinsen beeinflusst werden kann.

Würdigung

- ➕ Zeigt den Unternehmenserfolg der Periode.
- ❗ Zusätzliche Betrachtung nach Ergebnisschichten (→ ordentliches Betriebsergebnis, → unregelmäßiges Jahresergebnis) erhöht die Aussagekraft.
- ➖ Ergebnis ist verzerrt durch unregelmäßige Erfolgskomponenten, insbesondere Ergebniswirkung aus bilanzpolitischen Maßnahmen.

Annual result, adjusted annual result 4.4

also referred to as profit or loss

Formula		Example
	annual result (controlling shareholder)	1,638.00 € million
+/–	release/creation of hidden reserves (designated quantitatively)	131.58 € million*
+/–	release/creation of hidden reserves (estimated)	0.00 € million
=	adjusted annual result	1,769.58 € million

* = hidden reserves (LIFO reserve and the difference between securities' fair value and book value) fiscal year (127 + 677) – hidden reserves previous year (92 + 540) adjusted for deferred taxes (1 – 0.235).
For calculation vide → hidden reserves/liabilities.

Significance in the context of HGB

Annual result after taxes (profit or loss) comprises all period-related income and expense of the company including all financial income and expense. The annual result is therefore influenced by the company's capital structure. The higher the company's equity rate, the lower its interest load. Annual result is a key figure for calculating important ratios, e.g. → return on equity, → return on investment, → earnings per share. Accounting policy measures – as far as identifiable and ascertainable – are eliminated in the adjusted annual results by correcting earning effects of → hidden reserves.

For intercompany comparison, in order to eliminate different tax effects, it is recommended to use earnings before taxes (→ EBT).

It must be also considered, that annual results can be influenced by different usage of capitalisation options as well as the inclusion option for administrative expenses and interest on borrowed capital.

Appraisal

- ➕ Shows the period's corporate success
- ❗ Additional reflection of profit layers (→ ordinary operating result, → irregular operating result, → irregular annual result) increases informative value.
- ➖ Distorted result due to irregular profit components, especially effects on result from accounting policy measures.

Kennzahlen zur Erfolgsanalyse

4.5 Ergebnis nach DVFA/SG

Formel

(1) (Konzern-)Jahresergebnis (Gewinn oder Verlust)

(2) Anpassungen aufgrund von Änderungen des Konsolidierungskreises

(3) latente Steueranpassungen

(4) = angepasstes Konzernergebnis

(5) Bereinigungspositionen in den Aktiva

(6) Bereinigungspositionen in den Passiva

(7) Bereinigung nicht eindeutig zuordnungsfähiger Sondereinflüsse

(8) Fremdwährungseinflüsse

(9) Zusammenfassung der zu berücksichtigenden Bereinigungen

(10) = DVFA/SG-(Konzern-)Ergebnis für das Gesamtunternehmen

(11) Ergebnisanteile Dritter

(12) = DVFA/SG-(Konzern-)Ergebnis für Aktionäre der Muttergesellschaft

(13) Anzahl der zu Grunde zu legenden Aktien

(14) = Ergebnis nach DVFA/SG je Aktie (Basisergebnis)

(15) adjustiertes Ergebnis nach DVFA/SG je Aktie bei Veränderungen des gezeichneten Kapitals nach dem Bilanzstichtag

(16) voll verwässertes Ergebnis nach DVFA/SG je Aktie

Aussagekraft und Besonderheit nach HGB

Mit dem Ergebnis nach DVFA/SG, das gemeinsam von der Deutschen Vereinigung für Finanzanalyse (DVFA) und dem Arbeitskreis externe Unternehmungsrechnung der Schmalenbach-Gesellschaft für Betriebswirtschaft (SG) entwickelt wurde, soll ein nachhaltig erzielbarer Gewinn aus Investorenperspektive gezeigt werden. Die Berechnung erfolgt ausgehend vom Jahresergebnis durch Bereinigung von Sondereinflüssen. Die einheitliche Berechnung soll eine bessere Vergleichbarkeit ermöglichen.

Zu Besonderheiten → Jahresergebnis.

Würdigung

(+) Ergebnisbeeinflussende Sondermaßnahmen sind bereinigt.

(−) Berechnung aus externer Sicht aufgrund begrenzter Angabepflichten i.d.R. nur unvollständig möglich.

Results according to DVFA/SG 4.5

Formula

(1) (consolidated) annual results (profit or loss)

(2) modifications due to changes in consolidated companies

(3) adjustment for deferred taxes

(4) = adjusted consolidated results

(5) adjustment items in assets

(6) adjustment items in liabilities

(7) corrections of special effects that are not unambiguously allocatable

(8) foreign currency effects

(9) summary of adjustments to be considered

(10) = DVFA/SG-(group-)result for the entire company

(11) third-party interests

(12) = DVFA/SG-(group-)result of the parent company's shareholders

(13) number of underlying shares

(14) = result according to DVFA/SG per share (basic result)

(15) adjusted result according to DVFA/SG per share with changes in subscribed capital after balance sheet date

(16) fully diluted earnings per share according to DVFA/SG

Significance in the context of HGB

Results, according to DVFA/SG, are developed conjointly by the German Association for Financial Analysis and Asset Management (DVFA) and the Work Group for External Corporate Accounting of the Schmalenbach Gesellschaft for Business Administration, to show sustainable profit achievable from an investor's perspective. Calculation is based on the annual result with adjustments for special items. Consistent calculation is intended to facilitate better comparability.

For particularities → annual result.

Appraisal

(+) Special measures that affect earnings are adjusted.

(−) Calculation from an external perspective is only partially possible due to limited disclosure requirements.

4.6 Earnings Before Taxes (EBT)

Formel	**Beispiel:**
Jahresergebnis nach Steuern	1.638 Mio. €
+ Ertragsteuern	346 Mio. €
= Ergebnis vor Steuern (EBT)	1.984 Mio. €

Aussagekraft und Besonderheit nach HGB

Das Ergebnis vor Steuern (EBT) gehört zu den sog. Pro-Forma-Kennzahlen, auch Earnings-Before-Kennzahlen genannt. Diese Ergebnisgröße ist unabhängig von der Ertragsteuerlast des Unternehmens und kann beim Vergleich der Ertragskraft von Unternehmen verwendet werden. Eliminiert sind bspw. unterschiedliche Hebesätze für Gewerbesteuer, Steuernachzahlungen und -erstattungen, Unterschiede der Besteuerung von Personen- und Kapitalgesellschaften, aber keine unterschiedlichen Zinsaufwendungen als Folge unterschiedlicher Kapitalstrukturen. Die sonstigen Steuern sollten nicht eliminiert werden. Allerdings sind in dem Ergebnis vor Steuern noch Finanzierungskosten enthalten, die die Vergleichbarkeit von Unternehmen erschweren. Siehe → Earnings Before Interest and Taxes (EBIT). Zu Besonderheiten → Jahresergebnis.

Würdigung

- ⊕ Unterschiedliche Steuervorschriften haben keinen Einfluss auf das Ergebnis.
- ⊖ Keine Berücksichtigung unterschiedlicher Finanzierungskosten (→ EBIT). Betriebsvergleich nur eingeschränkt möglich. Unregelmäßige und/oder bilanzpolitisch motivierte Ergebniseffekte sind nicht erkennbar.

Earnings before taxes (EBT)   4.6

Formula	Example
annual result after taxes	1,638 € million
+ income taxes	346 € million
= earnings before taxes (EBT)	1,984 € million

Significance in the context of HGB

Earnings before taxes (EBT) are counted among pro forma ratios, also known as earnings-before-ratios. This earnings parameter is independent from the company's income tax burden and can be used to compare profitability of different companies. Different assessment rates for trade tax, tax payment of arrears and refunds, differences in the taxation of partnerships and corporations, for example, are eliminated, but not different interest expenses due to different capital structures. Other taxes should not be eliminated. In earnings before taxes, however, costs of financing are still included, which makes it more difficult to compare companies. See also → Earnings before interest and taxes (EBIT). For pecularities → annual result.

Appraisal

➕ Different tax regulations do not affect results.

➖ There is no consideration of differing financing costs (→ EBIT). Inter-company comparison is only possible to a limited extent. Irregular accounting policy or policy motivated by earning effects is unrecognizable.

4.7 Earnings Before Interest and Taxes (EBIT)

Formel	Beispiel
Jahresergebnis nach Steuern	1.638 Mio. €
+ Ertragsteuern	346 Mio. €
= Ergebnis vor Steuern (EBT)	1.984 Mio. €
+ Zinsaufwand	946 Mio. €
= Ergebnis vor Steuern und Zinsen (EBIT)	2.930 Mio. €

Aussagekraft und Besonderheit nach HGB

Das Ergebnis vor Zinsen und Steuern (EBIT) gehört zu den sog. Pro-Forma-Kennzahlen, auch Earnings-Before-Kennzahlen genannt, und gibt die operative Ertragskraft eines Unternehmens wieder. Diese Ergebnisgröße ist unabhängig von der Kapitalstruktur sowie der Ertragsteuerlast des Unternehmens. Bei der Ermittlung des EBIT sollten als *interest* nur die Zinsaufwendungen aus Fremdkapitalfinanzierungen korrigiert werden; häufig werden in der Praxis als *interest* aber auch die Aufzinsungen von Rückstellungen oder das gesamte Zinsergebnis verstanden; zum Teil wird sogar das gesamte Finanzergebnis korrigiert. Da das EBIT noch unregelmäßige und bilanzpolitisch motivierte Erfolgskomponenten umfasst, können Sondereinflüsse separat ausgewiesen werden. In der Praxis werden die Sondereinflüsse aber kasuistisch abgegrenzt, so dass eine Vergleichbarkeit erschwert ist. Zu Besonderheiten → Jahresergebnis.

Würdigung

- (+) Ergebnisgröße ist unabhängig von der Kapitalstruktur und der Steuerlast des Unternehmens.
- (−) Bilanzpolitische Verzerrungen erschweren die Vergleichbarkeit, wenn in der Praxis z. B. anstelle der Zinsen das komplette Finanzergebnis verwendet wird. Unregelmäßige und/oder bilanzpolitisch motivierte Ergebniseffekte sind nicht erkennbar.

Earnings before interest and taxes (EBIT) — 4.7

Formula	Example
annual result after taxes	1,638 € million
+ income taxes	346 € million
= earnings before taxes (EBT)	1,984 € million
+ interest expenses	946 € million
= earnings before interest and taxes (EBIT)	2,930 € million

Significance in the context of HGB

Earnings before interest and taxes (EBIT) are counted among pro forma ratios, also known as earnings-before-ratios, and reflect the company's operating profitability. This earnings parameter is independent from capital structure and the company's income tax burden. When calculating EBIT, only interests from borrowed capital interest expenses should be corrected. However, compounding of provisions or overall interest results are often comprehended in practice. Occasionally even the overall financial result is corrected. Since EBIT still includes irregular and accounting policy motivated profit components, special items can be stated separately. In practice, however, special items are demarcated case by case, thus making comparability more difficult. For peculiarities → annual result.

Appraisal

+ Earnings parameter is independent from capital structure and the company's income tax burden.

− Distortions due to accounting policy complicate comparability if in practice, for example, the overall financial result is used instead of interests. Irregular and/or by accounting policy or policy motivated by earning effects is unrecognizable.

4.8 Earnings Before Interest, Taxes and Amortization (EBITA); Earnings Before Interest, Taxes, Depreciation and Amortization (EBITDA)

Formel	Beispiel
Jahresergebnis nach Steuern	1.638 Mio. €
+ Ertragsteuern	346 Mio. €
= Ergebnis vor Steuern (EBT)	1.984 Mio. €
+ Zinsaufwand	946 Mio. €
= Ergebnis vor Steuern und Zinsen (EBIT)	2.930 Mio. €
+ Wertminderungen auf immaterielle Vermögensgegenstände des Anlagevermögens	0 Mio. €
= EBITA	2.930 Mio. €
+ Abschreibungen auf Sachanlagen	3.098 Mio. €
= EBITDA	6.028 Mio. €

Aussagekraft und Besonderheit nach HGB

Das Ergebnis vor Zinsen, Steuern und Wertminderungen auf immaterielle Vermögensgegenstände des Anlagevermögens (EBITA) gehört zu den sog. Pro-Forma-Kennzahlen, auch Earnings-Before-Kennzahlen genannt. Die Kennzahl wird beim Vergleich von jungen, wachstumsstarken Unternehmen eingesetzt, die vielfach hohe Wertminderungen auf Geschäfts- oder Firmenwerte zu verzeichnen haben. EBITA ermöglicht einen Vergleich von intern gewachsenen Unternehmen mit solchen, die extern über Unternehmenserwerbe gewachsen sind. Bei EBITDA werden zusätzlich Abschreibungen auf Sachanlagen korrigiert. Die Kennzahl EBITDA ist eher eine Finanz- als eine Erfolgskennzahl, weil sich die Frage nach der betriebswirtschaftlichen Sinnhaftigkeit dieser Zahlen als Erfolgsausdruck stellt.

Würdigung

- (+) Ergebnisgröße ist unabhängig von der Kapitalstruktur, der Ertragsteuerlast und der Abschreibungspolitik von Unternehmen.
- (!) Betriebswirtschaftliche Aufwandsgrößen sind eliminiert, daher mehr eine Finanz- als eine Erfolgskennzahl.
- (−) Unregelmäßige und/oder bilanzpolitisch motivierte Ergebniseffekte sind nicht erkennbar.

Earnings before interest, taxes and amortization (EBITA); Earnings before interest, taxes, depreciation and amortization (EBITDA) — 4.8

Formula	**Example**
annual result after taxes	1,638 € million
+ income taxes	346 € million
= earnings before taxes (EBT)	1,984 € million
+ interest expenses	946 € million
= earnings before interest and taxes (EBIT)	2,930 € million
+ impairment of intangible assets	0 € million
= EBITA	2,930 € million
+ depreciation on fixed assets	3,098 € million
= EBITDA	6,028 € million

Significance in the context of HGB

Earnings before interest, taxes and amortization on intangible assets (EBITA), are counted among pro forma ratios, also known as earnings-before-ratios. This ratio is used to compare young, fast growing companies that in many cases experience high amortization on goodwill. EBITA allows a comparison between internally grown companies and ones grown externally by acquisition. In the earnings concept of EBITDA additional depreciations on property, plant and equipment are corrected as well. EBITDA is a finance rather than a performance ratio, because it is questionable if these figures serve as a useful performance indicator.

Appraisal

+ Earnings parameter is independent from capital structure, the company's income tax burden and the depreciation policy.

! Business expenses are eliminated, hence rather a finance than performance ratio.

− Irregular accounting policy or policy motivated by earning effects is unrecognizable.

4.9 Net Operating Profit After Taxes (NOPAT)

Formel	Beispiel
Betriebsergebnis (→ ordentliches Betriebsergebnis)	2.138 Mio. €
+ Abschreibungen auf Geschäfts- oder Firmenwerte	0 Mio. €
+ Veränderung Rückstellungen	1.474 Mio. €*
− Ertragsteuern	− 346 Mio. €
+ Zinsen auf Leasingaufwendungen	0 Mio. €
+ Zinsen auf Rückstellungen	775 Mio. €
+ Veränderung kapitalisierter F+E-Aufwendungen	0 Mio. €
= NOPAT	4.041 Mio. €

* = 16.134 − 14.660

Aussagekraft und Besonderheit nach HGB

NOPAT stellt ein Betriebsergebnis (operatives Ergebnis) nach Steuern dar. NOPAT verkörpert den Gewinn, den das Unternehmen bei reiner Eigenkapitalfinanzierung erwirtschaften würde. Anders als →EBIT berücksichtigt NOPAT nicht die Steuervorteile eines Unternehmens aus Fremdfinanzierung. Für die detaillierte Berechnung des NOPAT sind die vier folgenden Korrekturen (sog. conversions) zu berücksichtigen: Korrektur von Einflüssen aus dem nicht betrieblichen Bereich (operating conversion), Korrektur zum Zwecke der Erfassung aller offenen und versteckten Finanzierungsmittel (funding conversion; z. B. Leasing), Korrektur zum Zwecke der Konsistenz des Steueraufwands (tax conversion), Korrektur zum Zwecke der vollständigen Erfassung des Eigenkapitals (shareholder conversion; z. B. → stille Reserven). Alle Korrekturen sind aus externer Sicht nicht durchführbar. In der Praxis erfolgt eine Beschränkung auf wenige Korrekturen. Die obige Formel ist als Beispiel zu verstehen.

Würdigung

- ➕ Berücksichtigt das operative Ergebnis nach Korrekturen um stille Reserven und versteckte Finanzierungsmittel.
- ➖ Vielzahl von Korrekturen (sog. Conversions) notwendig. Keine einheitliche Berechnung in der Praxis.

Net operating profit after taxes (NOPAT) 4.9

Formula

	Example
operating result (→ ordinary operating result)	2,138 € million
+ goodwill amortization	0 € million
+ changes in provisions	1,474 € million*
− income taxes	− 346 € million
+ interest on leasing expenses	0 € million
+ interest on provisions	775 € million
+ changes in capitalized R&D expenses	0 € million
= NOPAT	4,041 € million

* = 16,134 − 14,660

Significance in the context of HGB

NOPAT represents operating results after taxes. It embodies the profit that the company would generate with pure equity financing. Unlike → EBIT, NOPAT also considers the company's tax benefits from external financing. For detailed calculation of NOPAT the following four corrections (referred to as conversions) are to be considered: correction of influences from non-operating area (operating conversion); corrections to capture all open and hidden means of financing (funding conversion; e.g. leasing); corrections for the purpose of consistent tax expenditure (tax conversion); corrections to completely capture equity (shareholder conversion; e.g. → hidden reserves). From an external point of view not all corrections are realizable. In practice, corrections are limited to only a few. The formula stated above serves as an example.

Appraisal

➕ Considers operating results after correcting for hidden reserves and hidden means of financing.

➖ Multiple corrections (referred to as conversions) are necessary. No consistent calculation in practice.

4.10 Materialintensität

auch Materialaufwandsquote genannt

Formel

$$\frac{\text{Materialaufwand}}{\text{Umsatz}} \times 100$$

Hinweis: – Bei Anwendung des Gesamtkostenverfahrens wird anstelle von Umsatz die Gesamtleistung verwendet.
– Häufig wird anstelle von Umsatz der Gesamtaufwand zu Grunde gelegt.

Beispiel

$$\frac{36.172}{56.675} \times 100 = 63{,}82\,\%$$

Aussagekraft und Besonderheit nach HGB

Kennzahl zur strukturellen Erfolgsanalyse, die die Bedeutung des Materialaufwands bei der Leistungserstellung widerspiegelt. Die Materialintensität beschreibt die Wirtschaftlichkeit des Materialeinsatzes. Eine steigende Materialintensität deutet auf stärker gestiegene Einkaufspreise im Vergleich zu den Verkaufspreisen hin. Eine hohe Materialintensität kann einen hohen Anteil an zugekauften Teilen und eine geringe Fertigungstiefe signalisieren. Die Fertigungstiefe ist abhängig von der Branche und vom Produktionsprogramm. Je höher die Materialintensität, desto anfälliger ist das Unternehmen gegenüber Wert-/Mengenschwankungen der Einsatzfaktoren. Jedoch ist es möglicherweise flexibler gegenüber Marktänderungen als bei hoher Integration. Zu beachten ist, dass in den Kosten für bezogene Leistungen Personalaufwand über Dienstleistungsverträge „versteckt" sein kann.

Würdigung

➕ Indikator für den Wettbewerbsvergleich und die relative technologische Stellung des Unternehmens (bezogen auf die Branche). Im Zeitvergleich können Aussagen über den Erfolg von Umstrukturierungen des Produktionsprozesses abgeleitet werden.

❗ Vergleich der Kennzahl nur branchenabhängig möglich. Setzt konformen Ausweis von Forschungs- und Entwicklungskosten in der Gewinn- und Verlustrechnung voraus.

➖ Vergleichbarkeit beeinträchtigt, wenn Kosten für Dienstleistungsverträge als Kosten für bezogene Leistungen im Materialaufwand enthalten sind.

Material intensity

4.10

also referred to as material expense ratio

Formula

$$\frac{\text{material expenses}}{\text{revenue}} \times 100$$

Note: – When applying the nature of expenses method, total output is used instead of revenue
– Total expenditure is often used instead of revenue

Example

$$\frac{36{,}172}{56{,}675} \times 100 = 63.82\,\%$$

Significance in the context of HGB

This ratio is for structural performance analysis that reflects the importance of material expenses for delivering goods and services. Material intensity describes the efficiency of material input. Rising material intensity indicates rising purchase prices in comparison with sales prices. A high material intensity can signal a high percentage of bought-in parts and low manufacturing penetration. Manufacturing penetration depends on sector and production program. The greater the material intensity, the more vulnerable is the company towards price and volume fluctuations of input factors. However, compared with higher integration, it can possibly react more flexible to market changes. Attention should be paid to the costs of purchased services in which personnel costs could be "hidden" in service agreements.

Appraisal

➕ Indicator for competitor comparison and the company's relative technological standing (with regard to the sector). In time comparison statements about the success of restructuring the production process can be derived.

❗ Comparing this ratio is only possible with regard to sector. It requires conformal reporting of R&D expenses in the profit and loss statement.

➖ Comparability is impaired for companies with employee expenses in purchased service contracts.

4.11 Personalintensität

auch Personalaufwandsquote genannt

Formel

$$\frac{\text{Personalaufwand}}{\text{Umsatz}} \times 100$$

Hinweis: – Bei Anwendung des Gesamtkostenverfahrens wird anstelle von Umsatz die Gesamtleistung verwendet.
– Häufig wird anstelle von Umsatz der Gesamtaufwand zu Grunde gelegt.

Beispiel

$$\frac{9.403}{56.675} \times 100 = 16,59\,\%$$

Aussagekraft und Besonderheit nach HGB

Kennzahl zur strukturellen Erfolgsanalyse, die die Bedeutung des Personalaufwands bei der Leistungserstellung widerspiegelt. Der reziproke Wert wird als Arbeitsintensität bezeichnet (= Umsatz/Personalaufwand). Die Personalintensität zeigt an, wie sensibel das Unternehmen gegenüber Änderungen von Lohn-/Gehaltstarifen ist. Eine steigende Personalintensität im Zeitablauf kann auf Ineffizienzen oder auf höhere Personalkosten (z. B. stärkere Investitionen in Aus- und Weiterbildung), ein sinkender Wert kann auf Rationalisierungstendenzen hindeuten. Bei der Analyse dieser Kennzahl ist die Produktivität der Beschäftigten (z. B. Personalaufwand je Mitarbeiter/Umsatz bzw. Gesamtleistung je Mitarbeiter × 100 oder Lohnniveau/Pro-Kopf-Umsatz × 100) und die Personalstruktur zu beachten. Zudem sind die Substituierbarkeit des Faktors Arbeit sowie Hintergründe von Personalaufbau/-abbau zu analysieren. Zu beachten ist, dass Personalkosten über Dienstleistungsverträge im Materialaufwand „versteckt" sein können.

Würdigung

➕ Indikator für den Wettbewerbsvergleich (bezogen auf die Branche). Im Zeitvergleich können Aussagen über den Erfolg der Personalpolitik abgeleitet werden.

❗ Vergleich der Kennzahl nur branchenabhängig möglich. Setzt die Berücksichtigung von regionalen Unterschieden in den Personalkosten sowie konformen Ausweis von Forschungs- und Entwicklungskosten in der Gewinn- und Verlustrechnung voraus. Aussagekraft eingeschränkt bei hohem Einsatz von Personalleasing.

Staffing intensity

4.11

also referred to as employee expense ratio

Formula

$$\frac{\text{employee expenses}}{\text{revenue}} \times 100$$

Note: – When applying the nature of expense method, total output is used instead of revenue.
– Total expenditure is often used instead of revenue.

Example

$$\frac{9{,}403}{56{,}675} \times 100 = 16.59\,\%$$

Significance in the context of HGB

This ratio is for structural performance analysis that reflects the importance of employee expenses for delivering goods and services. The reciprocal is referred to as intensity of labor (= revenue/employee expenses). Staffing intensity indicates how sensitive the company is towards changes in wages and salaries. Increasing staffing intensity over time may point to inefficiencies or higher personnel costs (e.g. higher investment in training and further education), a decreasing value might indicate tendencies towards rationalization. When analyzing this ratio attention should be paid to employees' productivity (e.g. personnel expenditure per employee/revenue respectively total output per employee × 100 or wage level/per capita revenue × 100) and personnel structure. In addition, the possibility of labor substitution plus the background of staff acquisition and staff reduction need to be analyzed. Attention should also be paid to the fact, that personnel cost could be "hidden" in material expenses due to service contracts.

Appraisal

+ Indicator for competitive comparison (with regard to the sector). In time comparison statements can be derived about the success of personnel policy.

! Comparing this ratio is only possible with regard to sector. Inter-company comparison requires the consideration of regional differences in employee expenses as well as conformal reporting of R&D expenses in the profit and loss statement. Informative value limited for high commitment to personnel leasing.

4.12 Abschreibungsintensität

auch Abschreibungsaufwandsquote oder Kapitalintensität genannt

Formel

$$\frac{\text{Abschreibungen auf SAV und IAV}}{\text{Umsatz}} \times 100$$

Hinweis: – Bei Anwendung des Gesamtkostenverfahrens wird anstelle von Umsatz die Gesamtleistung verwendet.
– Häufig wird anstelle von Umsatz der Gesamtaufwand zu Grunde gelegt.

Beispiel

$$\frac{4.062^*}{56.675} \times 100 = 7,17\,\%$$

$* = 3.098 + 964$

Aussagekraft und Besonderheit nach HGB

Kennzahl zur strukturellen Erfolgsanalyse, die die Bedeutung der Abschreibungen bei der Leistungserstellung widerspiegelt. Die Abschreibungsintensität gibt Rückschlüsse auf die Investitionstätigkeit von Unternehmen. Die Interpretationsmöglichkeiten der Kennzahlen sind eingeschränkt, weil erhöhte Abschreibungen auf eine intensivere Nutzung der bestehenden Vermögensposten oder auf neue Investitionen zurückgeführt werden können. Darüber hinaus ist die Höhe der (außerplanmäßigen) Abschreibungen bilanzpolitisch beeinflussbar. Erhöhte Abschreibungen können – bei unverändertem Anlagenbestand – auf die Bildung → stiller Reserven hindeuten; fallende Abschreibungsbeträge müssen auf ihre Ursache hin untersucht werden (Abschreibungspolitik zur Ergebnisverbesserung).

Würdigung

➕ Indikator für den Verbrauch der Vermögensbasis je Einheit Umsatz.

❗ Vergleich der Kennzahl nur branchenabhängig möglich. Setzt konformen Ausweis von Forschungs- und Entwicklungskosten in der Gewinn- und Verlustrechnung voraus.

➖ Beeinflussbar durch bilanzpolitische Maßnahmen, abhängig von der Abschreibungsmethode.

Depreciation intensity

4.12

also referred to as depreciation expense ratio or capital intensity

Formula

$$\frac{\text{depreciation on tangible and intangible fixed assets}}{\text{revenue}} \times 100$$

Note: – When applying the nature of expense method, total output is used instead of revenue.
– Total expenditure is often used instead of revenue.

Example

$$\frac{4{,}062^*}{56{,}675} \times 100 = 7.17\,\%$$

* = 3,098 + 964

Significance in the context of HGB

This ratio is for structural performance analysis that reflects the importance of depreciation expenses for delivering goods and services. Depreciation intensity allows conclusions regarding the company's investment activity. Possibilities for interpreting this ratio are limited, because high depreciation can be led back to a more intensive utilization of existing assets or new investment. Moreover, the amount of (unscheduled) depreciation can be influenced by accounting policy. Increased depreciation – with unchanged asset investment – can point to the creation of → hidden reserves. Lower amounts of depreciation must be examined with regard to its cause (depreciation policy to improve results).

Appraisal

+ Indicator for the asset base utilization per unit of revenue.

! Comparing this ratio is only possible with regard to sector and requires conformal reporting of R&D expenses in the profit and loss statement.

− Possibly influenced by accounting policy measures, depending on the depreciation method.

Kennzahlen zur Erfolgsanalyse

4.13 F+E-Intensität

auch F+E-Kostenanteil oder F+E-Rate genannt

Formel

$$\frac{\text{Gesamtbetrag der Forschungs- und Entwicklungskosten der Periode}}{\text{Umsatz}} \times 100$$

Hinweis: – Bei Anwendung des Gesamtkostenverfahrens wird anstelle von Umsatz die Gesamtleistung verwendet.
– Häufig wird anstelle von Umsatz der Gesamtaufwand zu Grunde gelegt.

Beispiel

$$\frac{4.588}{56.675} \times 100 = 8{,}10\,\%$$

Aussagekraft und Besonderheit nach HGB

Kennzahl zur strukturellen Erfolgsanalyse, die den Anteil des Umsatzes zeigt, der in Forschung und Entwicklung reinvestiert wurde. Je höher der Kennzahlenwert ist, desto höher ist die Innovationstätigkeit und desto besser ist die Zukunftsvorsorge des Unternehmens zu beurteilen. Die Höhe der F+E-Kosten ist branchenabhängig; hohe F+E-Intensitäten liegen bspw. bei Pharma oder Biotechnologie vor. Unabhängig von der Aktivierung als selbsterstellte immaterielle Vermögensgegenstände des Anlagevermögens wird der Gesamtbetrag der Forschungs- und Entwicklungskosten der Periode verwendet. Eine gleichzeitige Betrachtung der Entwicklungskosten-Aktivierungsquote (= aktivierte Entwicklungskosten/Gesamtbetrag der F+E-Kosten der Periode) kann Aufschluss über den Anteil erfolgreicher F+E-Tätigkeiten geben. Allerdings kann der Anteil der aktivierten Entwicklungskosten bilanzpolitisch beeinflusst sein.

Für die Berechnung dieser Kennzahl sind freiwillige Angaben erforderlich. Eine Angabe zu Forschungs- und Entwicklungskosten besteht nur, wenn von dem Aktivierungswahlrecht gem. § 248 Abs. 1 HGB Gebrauch gemacht wird.

Würdigung

+ Gibt Aufschluss über die F+E-Effizienz.
! Vergleich der Kennzahl nur branchenabhängig möglich.
− Höhe des Umsatzes durch Sachverhaltsgestaltung ggf. beeinflussbar.

R&D intensity

also referred to as R&D ratio

Formula

$$\frac{\text{total amount of research and development expenses of the period}}{\text{revenue}} \times 100$$

Note: – When applying the nature of expense method, total output is used instead of revenue.
– Total expenditure is often used instead of revenue.

Example

$$\frac{4{,}588}{56{,}675} \times 100 = 8.10\,\%$$

Significance in the context of HGB

This ratio is for structural performance analysis that reflects the proportion of revenue reinvested in research and development. The higher the ratio's value, the higher the company's innovation activity and the better the company's provisions for the future. The amount of research and development expense depends on the sector, high R&D intensities, for example, exist in pharmacy and biotechnology. The period's total amount of research and development is to be used, regardless of capitalizing internally generated intangible assets. A simultaneous view on the development expenditure capitalization rate (= capitalized development expenditure/total amount of R&D expenses of the period) may give information about the share of successful R&D activities. The proportion of capitalized R&D expenses, however, may be influenced by accounting policy.

In order to calculate this ratio, voluntary information is needed. Details about research and development expenses are only available if the capitalisation option according to § 248(1) HGB is exercised.

Appraisal

- ➕ Informs about the R&D efficiency.
- ❗ Comparing this ratio is only possible with regard to sector.
- ➖ Amount of revenue possibly influenced by the styling of facts.

4.14 Herstellungskostenintensität (nur bei Erfolgsrechnung nach UKV)

auch Herstellungskostenquote oder Umsatzkostenintensität genannt

Formel

$$\frac{\text{Herstellungskosten des Umsatzes}}{\text{Umsatz}} \times 100$$

Hinweis: Häufig wird anstelle von Umsatz der Gesamtaufwand zu Grunde gelegt.

Beispiel

$$\frac{45.900}{56.675} \times 100 = 80{,}99\,\%$$

Aussagekraft und Besonderheit nach HGB

Kennzahl zur strukturellen Erfolgsanalyse, die die Bedeutung der Umsatzkosten bzw. Herstellungskosten des Umsatzes bei der Leistungserstellung ausdrückt. Die Kennzahl zeigt den prozentualen Anteil der Herstellungskosten des Umsatzes je Einheit Umsatz und spiegelt die Wirtschaftlichkeit des Material- und Personaleinsatzes am Umsatz wider. Ein steigender (sinkender) Kennzahlenwert bedeutet eine Verschlechterung (Verbesserung) des Ergebnisses. Die Kennzahl ist stets zusammen mit der Produktqualität zu beurteilen.

Bei der überbetrieblichen Analyse der Kennzahl ist sicherzustellen, dass F+E-Kosten in demselben Posten der Gewinn- und Verlustrechnung erfasst werden, da diese in der Praxis sowohl separat als F+E-Kosten als auch innerhalb der Herstellungskosten des Umsatzes ausgewiesen werden.

Würdigung

+ Indikator für die Produktivität des Unternehmens.
! Vergleich der Kennzahl nur branchenabhängig möglich.
− Betriebsvergleich setzt gleiche Zusammensetzung der Herstellungskosten voraus. Beschaffungspreise beeinflussen den Kennzahlenwert, es sei denn, sie können weitergereicht werden.

Production cost intensity (only for income statements according to the function of expense method)

4.14

also referred to as production cost ratio or cost of sales intensity

Formula

$$\frac{\text{cost of sales}}{\text{revenue}} \times 100$$

Note: total expenditure is often used instead of revenue.

Example

$$\frac{45,900}{56,675} \times 100 = 80.99\,\%$$

Significance in the context of HGB

This ratio is for structural performance analysis that reflects the importance of manufacturing costs related to revenue respectively cost of sales for delivering goods and services. This ratio indicates the percentage of manufacturing costs per unit of revenue and reflects economic efficiency of material and personnel input. An increase (decrease) in the ratio's value signifies a deteriorating (improving) result. This ratio should always be evaluated along with product quality.

For an inter-company analysis of this ratio it must be ensured, that R&D expenses are recorded in the same item of the profit and loss statement, since in practice, separate reporting as well as reporting as a part of cost of sales can be met.

Appraisal

+ Indicator of the company's productivity.
! Comparing this ratio is only possible with regard to sector.
− Inter-company comparison requires similar composition of manufacturing expenses. Ratio's value is influenced by purchase price, unless it can be passed on.

4.15 Verwaltungs- und Vertriebsintensität (nur bei Erfolgsrechnung nach UKV)

auch Verwaltungs-/Vertriebskostenquote genannt

Formel

$$\text{Verwaltungsintensität} = \frac{\text{Verwaltungskosten}}{\text{Umsatz}} \times 100$$

$$\text{Vertriebsintensität} = \frac{\text{Vertriebskosten}}{\text{Umsatz}} \times 100$$

Hinweis: – Bei Anwendung des Gesamtkostenverfahrens (hierbei keine Pflichtangabe zu Verwaltungs- und Vertriebskosten) wird anstelle von Umsatz die Gesamtleistung verwendet.
– Häufig wird anstelle von Umsatz der Gesamtaufwand zu Grunde gelegt.

Beispiel

$$\frac{2.949}{56.675} \times 100 = 5{,}20\,\% \;;\quad \frac{4.961}{56.675} \times 100 = 8{,}75\,\%$$

Aussagekraft und Besonderheit nach HGB

Kennzahl zur strukturellen Erfolgsanalyse, die die Bedeutung der Verwaltungs- und Vertriebskosten widerspiegelt. Ein steigender (sinkender) Kennzahlenwert bedeutet eine Verschlechterung (Verbesserung) des Ergebnisses. Steigt der Kennzahlenwert für Vertriebskosten bei gleich bleibendem Umsatz, können verstärkte Marketing- und Werbebemühungen vorliegen, die entweder aufgrund von Absatzproblemen oder Neuprodukteinführungen verursacht wurden.

Beim überbetrieblichen Vergleich ist zu berücksichtigen, dass für Verwaltungskosten ein Einbeziehungswahlrecht besteht, das von den betrachteten Unternehmen unterschiedlich ausgeübt werden kann.

Würdigung

- ➕ Indikator für die Wirtschaftlichkeit des Unternehmens.
- ❗ Vergleich der Kennzahl nur branchenabhängig möglich.
- ➖ Betriebsvergleich setzt gleiche Zusammensetzung der Verwaltungskosten voraus.

Administration and distribution intensity (only for the function of expense method)

4.15

also referred to as administration/distribution expense ratio

Formula

$$\text{administration intensity} = \frac{\text{administration expenses}}{\text{revenue}} \times 100$$

$$\text{distribution intensity} = \frac{\text{sales expense}}{\text{revenue}} \times 100$$

Note: – When applying the nature of expenses method, total (no mandatory disclosure for administration and distribution expenses) output is used instead of revenue.
 – Total expenditure is often used instead of revenue.

Example

$$\frac{2{,}949}{56{,}675} \times 100 = 5.20\,\% \,;\quad \frac{4{,}961}{56{,}675} \times 100 = 8.75\,\%$$

Significance in the context of HGB

This ratio is for structural performance analysis that reflects the importance of administrative and sales expenses. An increase (decrease) in the ratio's value signifies a deteriorating (improving) result. If the ratio's value increases for distribution expenses, while at the same time revenue remains constant, it is possibly due to intensified marketing and advertising efforts that are either caused by sales difficulties or new product launches.

For intercompany comparison it should be taken into account that there is an inclusion option for administration expenses, which can be exercised differently by the regarded companies.

Appraisal

- ➕ Indicator for the company's efficiency.
- ❗ Comparing this ratio is only possible with regard to sector.
- ➖ Inter-company comparison requires similar composition of administration expenses.

4.16 Zinsdeckungsgrad

Formel

$$\frac{\text{EBIT}}{\text{Zinsaufwand}}$$

Beispiel

$$\frac{2.930}{946} = 3,10$$

Aussagekraft und Besonderheit nach HGB

Der Zinsdeckungsgrad zeigt, inwieweit der Zinsaufwand aus der Fremdkapitalfinanzierung durch das Ergebnis vor Zinsen und Steuern gedeckt ist. Je höher der Kennzahlenwert, desto geringer ist eine zusätzliche Ergebnisbelastung, z. B. aufgrund eines höheren Fremdkapitalzinssatzes resultierend aus steigendem (risikolosen) Zinssatz oder höherem Risikozuschlag. Der Zinsdeckungsgrad ist ein Risikomaß für den Verschuldungsgrad und ein Indikator für zusätzliches Verschuldungspotenzial.

Da auch die Aufzinsungsbeträge aus der Bewertung von langfristigen Rückstellungen im Zinsaufwand ausgewiesen werden, kann die obige Berechnung alternativ erfolgen, indem zusätzlich der gesamte Zinsaufwand berücksichtigt wird.

Die Ergebnisgröße EBIT kann durch unterschiedliche Ausnutzung von Aktivierungswahlrechten sowie des Einbeziehungswahlrechts für Verwaltungskosten und Fremdkapitalzinsen beeinflusst werden.

Würdigung

- ➕ Hinweise über zusätzliches Verschuldungspotenzial. Risikomaß für den Verschuldungsgrad.
- ❗ Differenzierte Berechnung durch Berücksichtigung des Zinsaufwands mit und ohne Aufzinsungsbeträge für Rückstellungen.
- ➖ Eher geringe Aussagekraft; Berücksichtigung weiterer Kennzahlen ist erforderlich, wie z. B. statischer und dynamischer Verschuldungsgrad.

Interest coverage ratio

Formula

$$\frac{\text{EBIT}}{\text{interest expense}}$$

Example

$$\frac{2{,}930}{946} = 3.10$$

Significance in the context of HGB

The interest coverage ratio shows the extent to which interest expense from debt financing is covered by earnings before interest and taxes. The higher the ratio's value, the lower the additional impact on earnings, for example, due to a higher borrowed capital rate resulting from increased (risk-free) interest rates or a higher risk premium. The interest coverage ratio serves as risk measure for leverage and indicates additional borrowing potential.

Since interest expenses for compounding long-term provisions are also recorded as part of interest expense, the calculation above can also be made by considering, additionally, the total interest expense.

The earnings parameter EBIT may be influenced by different exercise of capitalisation options as well as the inclusion option regarding administration expenses and interest on borrowed capital.

Appraisal

- ➕ Provides information about additional borrowing potential; risk measure for leverage.
- ❗ Differentiated calculation by considering interest expenses with or without compounding for provisions.
- ➖ Low informative value, consideration of further ratios is necessary, for example static and dynamic debt equity ratio.

4.17 Steuerquote

Formel

$$\frac{\text{Ertragsteueraufwand}}{\text{EBT}} \times 100$$

Beispiel

$$\frac{346}{1.984} \times 100 = 17{,}44\,\%$$

Aussagekraft und Besonderheit nach HGB

Die Steuerquote zeigt die Relation von Ertragsteueraufwand zum Ergebnis vor Steuern und verdeutlicht somit die Belastung des Vorsteuerergebnisses mit Ertragsteuern. Die Steuerquote stellt ein wichtiges Kriterium bei internationalen Vergleichen dar und wird häufig für Standortentscheidungen verwendet. Diese Kennzahl wird vom Verschuldungsgrad beeinflusst, weil die Fremdkapitalzinsen grundsätzlich steuerlich abzugsfähig sind.

Zu beachten ist, dass die Höhe des Ertragssteueraufwands beim überbetrieblichen Vergleich durch die unterschiedliche Ausnutzung des Aktivierungswahlrechts für latente Steuern beeinflusst werden kann. Zudem kann die Ergebnisgröße EBIT durch unterschiedliche Ausnutzung von Aktivierungswahlrechten sowie des Einbeziehungswahlrechts für Verwaltungskosten und Fremdkapitalzinsen beeinflusst werden.

Würdigung

+ Sinnvoll für den Vergleich der Steuerquote von Unternehmen. Vergleichsgröße für Standortentscheidungen.
− Verlustvorträge erschweren die Prognose der zukünftigen Steueraufwendungen.

Tax ratio

4.17

Formula

$$\frac{\text{income tax expense}}{\text{EBT}} \times 100$$

Example

$$\frac{346}{1,984} \times 100 = 17.44\,\%$$

Significance in the context of HGB

The tax ratio shows the relation between income tax expense and income before tax, thus clarifying the pre-tax result's burden with income taxes. The tax ratio is an important criterion for international comparison and is often used for determining the business location. This ratio is affected by leverage, because interest on borrowed capital is principally tax deductible.

For intercompany comparison, attention should be paid to the fact that the amount of income taxes may be influenced by different exercise of capitalisation options regarding deferred taxes. The earnings parameter EBIT may be influenced by different exercise of capitalisation options as well as the inclusion option regarding administration expenses and interest on borrowed capital

Appraisal

+ Useful for comparing companies' tax rates. Comparable quantity for business locations.

− Carrying forward losses makes a prognosis for future tax expenses more difficult.

4.18 Eigenkapitalrentabilität (EKR)

auch Unternehmerrendite genannt

Formel

$$\text{EKR I} = \frac{\text{Jahresergebnis nach Steuern}}{\text{bilanzanalytisches Eigenkapital}} \times 100$$

$$\text{EKR II} = \frac{\text{bereinigtes Jahresergebnis nach Steuern}}{\text{bereinigtes Eigenkapital}} \times 100$$

Hinweis: Anstelle des Eigenkapitals kann auch das durchschnittliche Eigenkapital verwendet werden.

Beispiel

$$\frac{1.638}{14.025} \times 100 = 11{,}68\,\% \;\; ; \;\; \frac{1.769{,}58}{14.640{,}06} \times 100 = 12{,}09\,\%$$

Aussagekraft und Besonderheit nach HGB

Die Eigenkapitalrentabilität ist eine Kennzahl zur Erfolgsanalyse, die die Verzinsung des Eigenkapitals anzeigt. Die EKR ist ein Maßstab für die Erreichung der Gewinnerzielung für die Anteilseigner und sollte über dem Kapitalmarktzins zzgl. branchenabhängiger Risikoprämie liegen. Diese Kennzahl kann erhöht werden durch höhere → Umsatzrentabilität, höheren → Kapitalumschlag oder niedrigere → Eigenkapitalquote. Die Senkung der Eigenkapitalquote geht einher mit dem sog. Leverage-Effekt. Als Zähler kann beim Betriebsvergleich das Jahresergebnis vor Steuern eingesetzt werden, um Steuervorteile, bspw. wegen Rechtsform und Standort, zu eliminieren.

Bilanzanalytisch ist die Verwendung des Ergebnisses vor Steuern (→ EBT) zu empfehlen, um bei Betriebsvergleichen unterschiedliche Steuereffekte zu eliminieren.

Zudem ist zu berücksichtigen, dass die Höhe des Jahresergebnisses durch unterschiedliche Ausnutzung von Aktivierungswahlrechten sowie des Einbeziehungswahlrechts für Verwaltungskosten und Fremdkapitalzinsen beeinflusst werden kann. Zu Besonderheiten des Eigenkapitals → bilanzanalytisches Eigenkapital.

Würdigung

+ Zeitvergleich zeigt die Optimierung der Kapitalstruktur unter dem Aspekt der Rentabilitätsmaximierung.

− Bilanzpolitisch beeinflussbar.

Return on equity (ROE)

4.18

also referred to as entrepreneur return

Formula

$$\text{ROE I} = \frac{\text{annual result after tax}}{\text{balance-sheet-analytical equity}} \times 100$$

$$\text{ROE II} = \frac{\text{adjusted annual result after taxes}}{\text{adjusted equity}} \times 100$$

Note: Instead of equity, the average equity may be used as well.

Example

$$\frac{1{,}638}{14{,}025} \times 100 = 11.68\,\% \;;\; \frac{1{,}769.58}{14{,}640.06} \times 100 = 12.09\,\%$$

Significance in the context of HGB

Return on equity is a ratio for performance analysis and shows the interest return on equity. Return on equity should be above the capital market rate plus sector-specific risk premium. This ratio may be increased by higher → return on sales, higher → capital turnover or lower → equity ratio. Lowering the equity ratio is accompanied with a leverage-effect. When comparing companies, the annual result before tax can be used in the numerator in order to eliminate tax benefits, for example, due to legal form or location.

For intercompany comparison, balance sheet analytically it is recommended to use earnings before taxes (→ EBT) in order to eliminate different tax effects.

It must also be considered that the annual result can be influenced by different usage of capitalisation options as well as the inclusion option for administrative expenses and interest on borrowed capital. For pecularites regarding equity → balance sheet analytical equity.

Appraisal

+ Time comparison shows the optimization of capital structure in terms of maximizing profitability.

− Possibly influenced by accounting policy.

4.19 Gesamtkapitalrentabilität

auch Unternehmensrendite genannt

Formel

$$\frac{\text{Jahresergebnis nach Steuern + Zinsaufwendungen}}{\text{Gesamtkapital}} \times 100$$

Hinweis: – Anstelle des Gesamtkapitals kann auch das durchschnittliche Gesamtkapital verwendet werden.

Beispiel

$$\frac{3.359^*}{73.822} \times 100 = 4,55\,\%$$

* = 1.638 + 1.721

Aussagekraft und Besonderheit nach HGB

Die Gesamtkapitalrentabilität ist eine Kennzahl zur Erfolgsanalyse, die die Verzinsung des insgesamt eingesetzten Kapitals – unabhängig von der Kapitalherkunft (Eigen- oder Fremdkapital) – anzeigt. Bei Unternehmensvergleichen sollten zusätzlich zum Zinsaufwand auch die Steuern korrigiert werden. Ein Vergleich der Gesamtkapitalrentabilität mit dem Fremdkapitalzinssatz gibt Aufschluss über das Renditesteigerungspotenzial durch die Substitution von Eigen- durch Fremdkapital (Leverage-Effekt).

Die Gesamtkapitalrentabilität ist eine hoch aggregierte Kennzahl, die zum einen in → Umsatzrentabilität multipliziert mit → Umschlagshäufigkeit des Gesamtvermögens und zum anderen in → Eigenkapitalquote multipliziert mit → Eigenkapitalrentabilität zerlegt werden kann.

Zu Unterschieden → Eigenkapitalrentabilität.

Würdigung

- ⊕ Indikator für die Verzinsung des Gesamtkapitals. Branchenübergreifende Vergleichbarkeit.
- ⊖ Beeinflussbar durch Bilanzpolitik. Off-Balance-Sheet-Positionen bleiben unberücksichtigt.

Return on total capital

4.19

also referred to as business return

Formula

$$\frac{\text{annual result after tax} + \text{interest expenses}}{\text{total capital}} \times 100$$

Note: – Instead of total capital, the average total capital may also be used.

Example

$$\frac{3{,}359^*}{73{,}822} \times 100 = 4.55\,\%$$

* = 1,638 + 1,721

Significance in the context of HGB

Return on total capital is a ratio for performance analysis showing the return on overall capital employed regardless of capital origin (equity or borrowed capital). For comparing companies, in addition to correcting interest expenses, taxes should be also corrected. Comparing return on total capital with the borrowing rate provides information about the potential for increasing returns by substituting equity with borrowed capital (leverage effect).

Return on total capital is a highly aggregated ratio which can be broken down into → return on sales multiplied by the → total asset turnover or alternatively into → equity ratio multiplied by → return on equity.

For differences → return on equity.

Appraisal

+ Indicator of the return on total capital; inter-sectoral comparison.

− May be influenced by accounting policy; off-balance sheet items are disregarded.

4.20 Betriebsvermögensrentabilität

Formel

$$\frac{\text{ordentliches Betriebsergebnis}}{\text{betriebsnotwendiges Vermögen}} \times 100$$

betriebsnotwendiges Vermögen: Gesamtvermögen – Finanzvermögen (ggf. abzgl. sonstiger Vermögensgegenstände)

Hinweis: Anstelle des betriebsnotwendigen Vermögens kann auch der Durchschnittswert verwendet werden.

Beispiel

$$\frac{2.138}{73.822 - 10.314 - 2.751} \times 100 = 3{,}52\,\%$$

Aussagekraft und Besonderheit nach HGB

Die Betriebsvermögensrentabilität ist eine Kennzahl zur Erfolgsanalyse, die die Relation von ordentlichem Betriebsergebnis zu betriebsnotwendigem Vermögen zum Ausdruck bringt. Im Vergleich zur → Gesamtkapitalrentabilität oder zum → Return On Investment werden bei der Betriebsvermögensrentabilität zufällige Schwankungen des ausgewiesenen Ergebnisses ausgeschlossen, indem auf die nachhaltige Erfolgsgröße (→ (ordentliches) Betriebsergebnis) abgestellt wird. Schwierig ist die Ermittlung des betriebsnotwendigen Vermögens aus externer Sicht. Vereinfachend wird vom Gesamtvermögen das Finanzvermögen in Abzug gebracht.

Würdigung

+ Indikator für die Ertragskraft des betriebsnotwendigen Vermögens. Branchenübergreifende Vergleichbarkeit.

− Probleme der Ermittlung des betriebsnotwendigen Vermögens und des Betriebsergebnisses. Off-Balance-Sheet-Positionen bleiben unberücksichtigt.

Return on operating assets

4.20

Formula

$$\frac{\text{ordinary operating result}}{\text{operating assets}} \times 100$$

operating assets = total assets − financial assets (less other assets where appropriate)

Note: Instead of operating assets the average may be used as well.

Example

$$\frac{2{,}138}{73{,}822 - 10{,}314 - 2{,}751} \times 100 = 3.52\,\%$$

Significance in the context of HGB

The return on operating assets is a ratio for performance analysis expressing the relationship between ordinary → operating result and operating assets. In comparison with → return on total capital or → return on investment, random fluctuations of reported result are ruled out in return on operating assets, by applying the sustainable result parameter, → (ordinary) operating result. Determining operating assets is difficult from an external view. For the purpose of simplification, financial assets are deducted from total assets.

Appraisal

- ➕ Indicator of the profitability of operating assets. Inter-sectoral comparability.
- ➖ Issues with determining operating assets and operating result. Off-balance sheet items are disregarded.

4.21 Return On Capital Employed (ROCE), Return On Invested Capital (ROIC)

Formel

$$\text{ROCE I} = \frac{\text{EBIT}}{\text{Capital Employed}} \times 100; \quad \text{ROIC} = \frac{\text{EBIT}}{\text{Invested Capital}} \times 100;$$

$$\text{ROCE II} = \frac{\text{NOPAT}}{\text{Economic Book Value (of Assets)}} \times 100$$

Beispiel

$$\frac{2.930}{47.645} \times 100 = 6{,}15\,\%$$

Aussagekraft und Besonderheit nach HGB

Return On Capital Employed gehört zu den sog. neueren Renditekennzahlen, die zur Ermittlung der periodischen Wertschaffung bzw. Wertvernichtung (→ EVA) eingesetzt werden. Für ROCE existieren in der Literatur unterschiedliche Definitionen. Die Kennzahl zeigt die Relation eines betrieblichen Ergebnisses (→ NOPAT, → EBIT) zu einer Kapitalgröße. Als Kapitalgröße wird anstelle des Gesamtkapitals ein betriebsnotwendiges Vermögen (Capital Employed oder Invested Capital (→ investiertes Kapital)) zu Grunde gelegt. Das Capital Employed ist die Summe aus Eigenkapital und verzinslichem Fremdkapital zzgl. langfristiger Rückstellungen. Werden im Nenner die Net Assets (= Anlagevermögen zzgl. Umlaufvermögen abzgl. kurzfristiges Fremdkapital) verwendet, handelt es sich um RONA (Return On Net Assets).

Anstelle des betriebsnotwendigen Vermögens kann ein zeitnah bewertetes investiertes Kapital (Economic Book Value, EBV) zu Grunde gelegt werden, das – vergleichbar zur Ermittlung des NOPAT – über verschiedene Korrekturen (sog. conversions; siehe → NOPAT) ermittelt wird. Der EBV stellt eine wirtschaftliche Maßgröße dar, in die u. a. Barwerte zukünftiger Off-Balance-Sheet-Posten einfließen.

Zu Unterschieden → Eigenkapitalrentabilität.

Würdigung

- Grundlage zur Ermittlung neuerer Renditekennzahlen (→ Economic Value Added), die über die periodische Wertschaffung informieren. Bei Berechnung des Economic Book Value finden Off-Balance-Sheet-Posten Berücksichtigung.
- Vielzahl von Korrekturen (sog. conversions) notwendig.
- Keine einheitliche Berechnung in der Praxis.

Return on capital employed (ROCE), Return on invested capital (ROIC)

4.21

Formula

$$\text{ROCE I} = \frac{\text{EBIT}}{\text{capital employed}} \times 100 \text{ ; } \text{ROIC} = \frac{\text{EBIT}}{\text{invested capital}} \times 100;$$

$$\text{ROCE II} = \frac{\text{NOPAT}}{\text{economic book value (of assets)}} \times 100$$

Example

$$\frac{2{,}930}{47{,}645} \times 100 = 6.15\,\%$$

Significance in the context of HGB

Return on capital employed belongs to newer return ratios and is used to determine periodic value creation respectively value destruction (→ EVA). For ROCE, different definitions exist in the literature. The ratio shows the relationship between operating result (→ NOPAT, → EBIT) and a capital parameter. Instead of total capital (capital employed or → invested capital) operating assets are taken as a basis for the capital parameter. Capital employed is the sum of equity and interest-bearing borrowed capital, plus non-current provisions. If net assets (=fixed assets plus current assets less short-term borrowed capital) are used in the denominator it is referred to as RONA (return on net assets).

Instead of operating assets, a promptly valued invested capital (economic book value, EBV) may also be used. Similar to calculating NOPAT, it is determined through various corrections (referred to as conversions, see also → NOPAT). EBV represents an economic measurement variable in which, among other things, present values of future off-balance sheet items flow into.

For differences → return on equity.

Appraisal

➕ Basis for calculating newer return ratios (→ economic value added), which give information about periodic value creation. For calculating economic book value off-balance sheet items are considered.

❗ Various corrections (referred to as conversions) are necessary.

➖ In practice there is no consistent calculation.

Kennzahlen zur Erfolgsanalyse

4.22 Umsatzrentabilität

Formel

$$\text{Umsatzrentabilität} = \frac{\text{Jahresergebnis nach Steuern}}{\text{Umsatz}} \times 100$$

$$\text{Umsatzrentabilität (Betriebsergebnis)} = \frac{\text{Betriebsergebnis}}{\text{Umsatz}} \times 100$$

Beispiel

$\frac{1.638}{56.675} \times 100 = 2,89\,\%$; $\quad \frac{2.138}{56.675} \times 100 = 3,77\,\%$

Aussagekraft und Besonderheit nach HGB

Die Umsatzrentabilität ist eine Kennzahl zur Erfolgsanalyse, die Aufschluss über die markt- und kostenseitige Erfolgskraft und somit die aus dem Umsatz erwirtschaftete Marge des Unternehmens gibt. Die Umsatzrendite unterstellt eine Kausalität zwischen Umsatz und Jahresergebnis. Die Umsatzrendite ist kein Maßstab für die Beurteilung der Unternehmenszielerreichung. Mit der Multiplikation der → Umschlagshäufigkeit des Gesamtvermögens ergibt sich der → Return On Investment.

Da das Jahresergebnis auch durch Liquidations- und Bewertungserfolg verzerrt sein kann und zudem das Beteiligungsergebnis umfasst, sollte anstelle des Jahresergebnisses das Betriebsergebnis (→ (ordentliches) Betriebsergebnis) gewählt werden (siehe auch → EBIT-Marge). Außerdem findet die Schaffung von Erfolgspotenzialen (z. B. F+E-Aufwendungen, Aufwendungen für Aus- und Weiterbildung), die das Jahresergebnis belasten, aber in zukünftigen Perioden zum Erfolg führen sollen, keine Berücksichtigung. Als Zähler kann das Jahresergebnis vor Steuern eingesetzt werden, um Steuervorteile, bspw. wegen Rechtsform oder Standort, zu eliminieren.

Zu beachten ist, dass das Jahresergebnis durch unterschiedliche Ausnutzung von Aktivierungswahlrechten sowie des Einbeziehungswahlrechts für Verwaltungskosten und Fremdkapitalzinsen beeinflusst werden kann.

Würdigung

➕ Indikator für die Produktivität des Unternehmens. Zeitvergleich signalisiert die Auswirkungen von Veränderungen im Produktions- und Absatzbereich.

➖ Betriebsvergleich aufgrund starker Produktabhängigkeit eingeschränkt. Gewinn kann bilanzpolitisch verzerrt sein; daher alternative Berücksichtigung des → Cashflows aus betrieblicher Tätigkeit im Nenner.

Return on sales

Formula

$$\text{return on sales} = \frac{\text{annual result after taxes}}{\text{revenue}} \times 100$$

$$\text{return on sales (operating result)} = \frac{\text{operating result}}{\text{revenue}} \times 100$$

Example

$$\frac{1,638}{56,675} \times 100 = 2.89\,\% \;;\quad \frac{2,138}{56,675} \times 100 = 3.77\,\%$$

Significance in the context of HGB

The return on sales is a ratio for performance analysis that informs about the market and cost side of the company's earning power and, therefore, its' margin on revenue. Return on sales assumes causality between sales and the annual result. It cannot be used to judge if business objectives have been met. Multiplying with → total assets' turnover ratio gives → return on investment.

Since the annual result may be distorted by liquidation and valuation results and also includes the participation result, operating result should be used instead of the annual result (see also → EBIT-margin). Moreover, the creation of profit potential (e.g R&D expense, expenses for training and further education), which burdens the annual result, but leads to profit in future periods, is not taken into account. The annual result before tax can be used in the numerator in order to eliminate tax benefits, for example, due to legal form or location.

It must also be considered that the annual result can be influenced by different usage of capitalisation options as well as the inclusion option for administration expenses and interest on borrowed capital.

Appraisal

- (+) Indicator of the company's productivity; time comparison signals the effects of changes in the production and distribution areas.
- (−) Inter-company comparison is limited due to strong product dependency. Profit may be distorted by accounting policy, thus need alternative consideration of → cash flow from operating activities in the denominator.

Kennzahlen zur Erfolgsanalyse

4.23 EBIT-Marge

Formel

$$\frac{\text{EBIT}}{\text{Umsatz}} \times 100$$

Beispiel

$$\frac{2.930}{56.675} \times 100 = 5{,}17\,\%$$

Aussagekraft und Besonderheit nach HGB

Die EBIT-Marge ist – wie die Umsatzrentabilität – eine Kennzahl zur Erfolgsanalyse, die Aufschluss über die Gewinnkraft des Umsatzes gibt. Anstelle des Jahresergebnisses nach Steuern (Jahresüberschuss) wird EBIT verwendet. Die EBIT-Marge zeigt den prozentualen Anteil des Ergebnisses vor Zinsen und Steuern pro Umsatzeinheit. Umsatzveränderungen wirken sich umso stärker auf das Ergebnis aus, je höher die EBIT-Marge mit eher geringem Umsatz ist. Die EBIT-Marge eignet sich besser als die Umsatzrentabilität für einen Unternehmensvergleich, weil → EBIT unabhängig von der Kapitalstruktur und der Ertragsteuerlast von Unternehmen ist. Sollte die EBIT-Marge längerfristig negativ sein, ist eine Ursachenanalyse notwendig und ggf. das Geschäftsmodell in Frage zu stellen.

Die Ergebnisgröße EBIT kann durch unterschiedliche Ausnutzung von Aktivierungswahlrechten sowie des Einbeziehungswahlrechts für Verwaltungskosten und Fremdkapitalzinsen beeinflusst werden.

Würdigung

+ Zeigt die Gewinnkraft des Umsatzes. Eignung für Branchenvergleich. Unabhängig von der Kapitalstruktur und den Steuervorschriften.

− Verzerrungen durch Einbeziehung von Ertragsarten möglich, die nicht dem operativen Geschäft zuzurechnen sind, z. B. Zinsertrag. Bilanzpolitische Verzerrung des EBIT möglich, z. B. Aktivierungspolitik von Entwicklungskosten, Liquidations- oder Bewertungserfolg.

EBIT-margin

Formula

$$\frac{\text{EBIT}}{\text{revenue}} \times 100$$

Example

$$\frac{2{,}930}{56{,}675} \times 100 = 5.17\,\%$$

Significance in the context of HGB

The EBIT-margin – like return on sales – is a ratio for performance analysis giving information about the profit strength of revenue. EBIT is used instead of the annual result after tax (annual profit). EBIT-margin shows the percentage of result before interest and tax per unit of revenue. The impact of changes in revenue on result increases with a higher EBIT-margin. EBIT-margin is more suited for an intercompany comparison than return on sales, because → EBIT is independent from companies' capital structure and income tax burden. If EBIT-margin is negative for longer periods it is necessary to analyze the causes and possibly question the business model.

The earnings parameter EBIT can be influenced by different exercise of capitalisation options as well as the inclusion option regarding administration expenses and interest on borrowed capital

Appraisal

+ Shows the profit strength of revenue. Suited for inter-sectoral comparison. Independent from capital structure and tax regulation.

− Distortions possible due to the inclusion of income that cannot be assigned to operating business, e.g. interest income. Distortions of EBIT possible due to accounting policy, e.g. capitalization policy of development expenses, liquidation or valuation result.

4.24 Bruttoergebnismarge

ähnlich Rohergebnismarge

Formel

$$\frac{\text{Bruttoergebnis}}{\text{Umsatz}} \times 100$$

Bruttoergebnis = Umsatz – Herstellungskosten des Umsatzes

Beispiel

$$\frac{10.775}{56.675} \times 100 = 19,01\,\%$$

Aussagekraft und Besonderheit nach HGB

Die Bruttoergebnismarge ist – ähnlich wie die Umsatzrentabilität – eine Kennzahl zur Erfolgsanalyse, die Aufschluss über die Gewinnkraft des Umsatzes gibt. Anstelle des Jahresergebnisses – wie bei der Umsatzrentabilität – wird das Bruttoergebnis verwendet. Alternativ kann die Rohergebnismarge berechnet werden, indem anstelle des Bruttoergebnisses das Rohergebnis (= Bruttoergebnis + sonstige betriebliche Erträge) verwendet wird. Um Verzerrungen zu vermeiden, sollten aber nur die ordentlichen (sonstigen) betrieblichen Erträge berücksichtigt werden (→ (ordentliches) Betriebsergebnis). Im Zeitvergleich gibt die Kennzahl Aufschluss über die Veränderung der Beschaffungspreise. Die Kennzahl bringt somit bspw. mögliche Preissenkungsspielräume im Falle einer verschärften Wettbewerbssituation zum Ausdruck.

Bei der überbetrieblichen Analyse der Kennzahl ist sicherzustellen, dass Forschungs- und Entwicklungskosten im selben Posten der Gewinn- und Verlustrechnung erfasst werden, da in der Praxis sowohl ein separater Ausweis als auch ein Ausweis innerhalb der Herstellungskosten anzutreffen ist.

Würdigung

- ⊕ Zeigt die Gewinnkraft des Umsatzes. Branchenvergleich setzt konformen Ausweis von Forschungs- und Entwicklungskosten in der Gewinn- und Verlustrechnung voraus. Unabhängig von der Kapitalstruktur und den Steuervorschriften.
- ⊖ Umsatzhöhe durch Sachverhaltsgestaltung beeinflussbar.

Gross profit margin

similar to crude profit margin

Formula

$$\frac{\text{gross profit}}{\text{revenue}} \times 100$$

gross profit = revenue − cost of sales

Example

$$\frac{10{,}775}{56{,}675} \times 100 = 19.01\,\%$$

Significance in the context of HGB

Gross profit margin – similar to return on sales – is a ratio for performance analysis giving information about the profit strength of revenue. Like for return on sales, gross profit is used instead of the annual result. Crude profit margin can be calculated as an alternative by using crude profit (= gross profit + other operating income) instead of gross profit. In order to avoid distortions, only ordinary other operating income should be considered (→ (ordinary) operating result). In time comparison this ratio gives information about changes in procurement prices. Thus, it also expresses leeway for price cuts in case of an intensified competitive situation.

For an intercompany analysis of this ratio it must be ensured, that R&D expenses are recorded in the same item of the profit and loss statement, since in practice, separate reporting as well as reporting as a part of revenue cost can occur.

Appraisal

+ Shows the profit strength of revenue. Comparing this ratio with regard to sector is possible and requires conformal reporting of R&D expenses in the profit and loss statement. Independent from capital structure and tax regulation.

− The amount of revenue can be influenced by styling of facts.

4.25 Return On Investment (ROI)

Formel

$$\frac{\text{Jahresergebnis nach Steuern}}{\text{Gesamtkapital (Gesamtvermögen)}} \times 100$$

Hinweis: Anstelle des Gesamtkapitals/-vermögens kann auch das durchschnittliche Gesamtkapital/-vermögen verwendet werden.

Beispiel

$$\frac{1.638}{73.822} \times 100 = 2,22\,\%$$

Aussagekraft und Besonderheit nach HGB

Der Return On Investment ist eine Kennzahl zur Erfolgsanalyse, die Aufschluss über die Gewinnkraft des eingesetzten Gesamtkapitals (= Gesamtvermögen = Bilanzsumme) gibt. Anders als bei der Gesamtkapitalrentabilität wird im Zähler das Ergebnis nach Steuern ohne Korrektur um Fremdkapitalzinsen verwendet. Der ROI ist eine Spitzenkennzahl eines Kennzahlensystems, die sich aus der Multiplikation von → Umsatzrentabilität mit → Umschlagshäufigkeit des Gesamtvermögens sowie aus der Multiplikation von → Eigenkapitalquote mit → Eigenkapitalrentabilität ergibt. Gründe für die Veränderung des ROI sind durch eine Tiefenanalyse besser erkennbar. Anstelle des Jahresergebnisses nach Steuern kann auch das → ordentliche Jahresergebnis vor Steuern verwendet werden. Zudem ist eine Differenzierung nach Betriebsvermögensrentabilität (= Betriebsergebnis/betriebsnotwendiges Vermögen) und Finanzvermögensrentabilität (= Finanzergebnis/Finanzvermögen) sinnvoll, um unregelmäßige Ergebniskomponenten auszugrenzen.

Zu Unterschieden → Eigenkapitalrentabilität.

Würdigung

+ Wichtige Kennzahl zur Beurteilung der Gewinnkraft des eingesetzten Kapitals. Aussagewert kann erhöht werden, indem die Spitzenkennzahl über mathematische Verknüpfungen zerlegt wird.

− Ergebnis nach Steuern kann bilanzpolitisch verzerrt sein; daher alternative Berechnung mit ordentlichem Jahresergebnis oder Betriebsergebnis sinnvoll. Ohne Tiefenanalyse ist eine Fehlinterpretation möglich, da bspw. rückläufige Investitionen bei konstantem oder steigendem Ergebnis den ROI verbessern.

Return on investment (ROI)

Formula

$$\frac{\text{annual result after taxes}}{\text{total capital (total assets)}} \times 100$$

Note: Instead of total capital/assets, the average total capital/assets may also be used.

Example

$$\frac{1,638}{73,822} \times 100 = 2.22\,\%$$

Significance in the context of HGB

Return on investment (ROI) is a ratio for performance analysis giving information about the profit strength of invested total capital (= total assets = balance sheet total). Different from return on total capital, the result after tax, without correction of borrowed capital interest, is used in the numerator. ROI is a key ratio within the performance measurement system and can be broken down by multiplying → return on sales with → total asset turnover or alternatively, multiplying → equity ratio with → return on equity. Changes of ROI are more easily recognized by an in-depth analysis. Instead of annual result after taxes → ordinary annual result before tax may be used as well. Differentiation according to return on operating assets (operating result/operating assets) and return on financial assets (= financial result/financial assets) is also reasonable in order to exclude irregular profit components.

Appraisal

+ Important ratio for evaluating the profit strength of invested capital. Informative value can be increased by disaggregating the key ratio by means of mathematical operations.

− Result after tax possibly distorted due to accounting policy, therefore alternative calculation with ordinary annual result or operating result reasonable. Without in-depth analysis misinterpretation is possible, since regressive investment during a constant or increasing result improves ROI.

4.26 Beteiligungsrendite

Formel

$$\frac{\text{Verbund-/Beteiligungsergebnis}}{\text{Anteile an verb. Unternehmen und Beteiligungen}} \times 100$$

Beispiel

$$\frac{1.018 + 565}{10.314} \times 100 = 15,35\,\%$$

Aussagekraft und Besonderheit nach HGB

Die Beteiligungsrendite bringt die Verzinsung des in Anteilen an verbundenen Unternehmen und Beteiligungen investierten Kapitals zum Ausdruck. Das Verbund-/Beteiligungsergebnis ist der Erfolgsrechnung zu entnehmen (→ Finanzergebnis), das im Wesentlichen alle Erträge und Aufwendungen umfasst, die aus betrieblich veranlassten Beteiligungen entstanden sind. Als Anteile an verbundenen Unternehmen und Beteiligungen sind die historischen Anschaffungskosten des Anlagespiegels zu verwenden; vereinfachend kann alternativ der Buchwertansatz, wie im obigen Beispiel vorgenommen, verwendet werden.

Im Zeitvergleich wird der Erfolg oder Misserfolg der Beteiligungspolitik oder Gewinnverlagerungen im Konzern deutlich. Bei schlechten Beteiligungsrenditen ist eine Ursachenforschung notwendig. Gründe für schlechte Beteiligungsrenditen könnten aus hohen Anlaufaufwendungen und Startschwierigkeiten bei neuen Kapitalengagements resultieren, auf Probleme in Beteiligungsunternehmen hindeuten oder aber auf Gewinnverlagerungen innerhalb des Konzerns zurückzuführen sein.

Würdigung

- ➕ Indikator für den Erfolg/Misserfolg der Kapitalengagements. Zeitvergleich sinnvoll.
- ➖ Ungeeignet für Betriebs-/Branchenvergleich.

ROI from Holdings

4.26

Formula

$$\frac{\text{participation result}}{\text{shares in affiliated companies and participations}} \times 100$$

Example

$$\frac{1{,}018 + 565}{10{,}314} \times 100 = 15.35\,\%$$

Significance in the context of HGB

The ROI from Holdings expresses the return on capital invested in shares of affiliated companies. The participation result can be gathered from the P&L statement ($\rightarrow$ financial result), which essentially comprises all expenses and income resulting from participations. Shares in affiliated companies and participations are to be used at historic acquisition costs according to the asset history sheet. As a simpler alternative, the book value may also be used, as in the example above.

In time comparison, the participation policy's success or failure, or profit transfer within the group, becomes clear. In the case of poor returns on participation causal research is necessary. Reasons for poor returns on participation may be the result of high start-up expenses, starting difficulties with new capital commitment, problems in associated companies or may be due to profit transfers within the group.

Appraisal

- ➕ Indicator for success/failure of capital commitment; time comparison useful.
- ➖ Unsuitable for inter-company/-sectoral comparison.

Kennzahlen zur Erfolgsanalyse

4.27 Zinsbelastung

auch Fremdkapitalrentabilität genannt

Formel

$$\frac{\text{Zinsaufwand}}{\text{Geldverbindlichkeiten}} \times 100$$

Beispiel

$$\frac{946}{21.753} \times 100 = 4{,}35\,\%$$

Aussagekraft und Besonderheit nach HGB

Die Zinsbelastung bringt die prozentualen Kosten der Fremdfinanzierung zum Ausdruck. Zu den Geldverbindlichkeiten gehören Anleihen, Verbindlichkeiten gegenüber Kreditinstituten, Wechselverbindlichkeiten, Verbindlichkeiten gegenüber verbundenen Unternehmen und Verbindlichkeiten gegenüber Unternehmen, mit denen ein Beteiligungsverhältnis besteht. Im Vergleich zur Gesamtkapitalrentabilität wird die Effizienz des Mitteleinsatzes des Unternehmens deutlich. Bei der Analyse im Zeitvergleich sind veränderte Finanzierungsquellen zu berücksichtigen. Bei überbetrieblichen Vergleichen ist auf eine vergleichbare Kapitalstruktur zu achten.

Im Zinsaufwand sind nicht nur die Zinsen für Fremdkapitalaufnahmen, sondern auch die Zinsaufwendungen aus der Aufzinsung von Rückstellungen ausgewiesen. Letztere sind bei der Berechnung dieser Kennzahl nicht berücksichtigt und daher herauszurechnen.

Würdigung

- ➕ Gibt Rückschlüsse auf Finanzierungskosten. Bilanzpolitisch kaum beeinflussbar.
- ❗ Berücksichtigung nur des Zinsaufwands für Fremdkapitalzinsen, nicht aber der Aufzinsungseffekte aus der Rückstellungsbewertung.
- ➖ Abhängig von der Kapitalstruktur des Unternehmens. Nur bedingt für Betriebs-/Branchenvergleich geeignet.

Interest charge

Formula

$$\frac{\text{interest expenses}}{\text{monetary liability}} \times 100$$

Example

$$\frac{946}{21{,}753} \times 100 = 4.35\,\%$$

Significance in the context of HGB

Interest charge expresses the percentage cost of borrowed capital. Monetary liabilities include bonds, amounts owed to credit institutions, notes payable, amounts owed to affiliated undertakings and amounts owed to companies with participating interest. In comparison with return on total capital, efficiency of using funds becomes clear. For time comparison analysis changes in financial sources are to be considered. For inter-company comparison attention should be paid to a comparable capital structure.

Interest expenses do not only include interest for borrowed capital, but also interest expense from compounding provisions. The latter is not considered in calculating this ratio.

Appraisal

+ Permits conclusions about financial costs; influence of accounting policy is barely possible.

! Only interest expense for borrowed capital is considered, not the compound for provision valuation.

− Depends on the company's capital structure. Only partially suited for inter-company/-sectoral comparison.

Besonderheiten der Konzernabschlussanalyse

5 Particularities of consolidated financial statements analysis

Besonderheiten der Konzernabschlussanalyse

5.1 Cashflow aus laufender Geschäftstätigkeit – Ermittlungsmethoden

Vereinfachtes Zahlenbeispiel (ohne Bezug zum Beispiel-Unternehmen):

GuV (in Mio. €)	
zahlungswirksamer Aufwand (z. B. Personal-/Materialaufwand, sonstiger Aufwand) 220	zahlungswirksamer Ertrag (z. B. Umsatz, Zinsertrag) 280
nicht-zahlungswirksamer Aufwand (z. B. Abschreibungen, Rückstellungszuführungen) 70	Cashflow (60)
Jahresergebnis 10	nicht-zahlungswirksamer Ertrag (z. B. Zuschreibungen) 20

Direkte Ermittlung: Zahlenbeispiel (in Mio. €):

zahlungswirksame Erträge	280
− zahlungswirksame Aufwendungen	− 220
= Cashflow aus laufender Geschäftstätigkeit	= 60

Indirekte Ermittlung:

Jahresergebnis	10
+ nicht-zahlungswirksame Aufwendungen	+ 70
− nicht- zahlungswirksame Erträge	− 20
= Cashflow aus laufender Geschäftstätigkeit	= 60

Aussagekraft und Besonderheit nach HGB

Die obigen Berechnungsschemata zeigen vereinfachend die direkte und indirekte Ermittlung des Cashflows aus laufender Geschäftstätigkeit. Ein Cashflow ist im Einzelabschluss nicht angabepflichtig und kann daher nur rudimentär abgeleitet werden (→ Cashflow aus betrieblicher Tätigkeit (überschlägig bzw. gemäß sog. Praktiker-Formel)). Im Rahmen der Konzernabschlussanalyse können Kennzahlen zum Cashflow ermittelt werden; siehe S. 216 ff.

Cash flow from operating activities – calculation methods

5.1

Simplified numerical example (unrelated to the company example):

P&L (in € million)			
payment-affecting expenses (e.g. material, personnel, interest expenditure)	220	payment-affecting income (e.g. sales, interest income)	280
non-cash expenses (e.g. depreciations, additions to provisions)	70	} cash flow (60)	
annual result	10	non-cash income (e.g. write-up)	20

Direct determination: Numerical example (in € million):

payment-affecting income	280
− payment-affecting expenses	− 220
= cash flow from operating activities	= 60

Indirect determination:

annual result	10
+ non-cash expenses	+ 70
− non-cash income	− 20
= cash flow from operating activities	= 60

Significance in the context of HGB

These simplified calculation schemes show direct and indirect cash flow calculation methods from operating activities. There is no disclosure requirement for cash flow in the individual financial statement and can therefore only be derived in a rudimentary way (→ cash flow from operating activities (estimated respectively according to practitioner-formula)). Cash flow ratios can be determined as part of the consolidated financial statement analysis; pp. 217 ff.

5.2 Cashflow aus laufender Geschäftstätigkeit (überschlägig bzw. gemäß sog. Praktiker-Formel)

Formel		Beispiel
	Jahresergebnis	1.638 Mio. €
+	Abschreibungen und Wertberichtigungen	5.220 Mio. €*
+/–	Erhöhung/Minderung von Pensionsrückstellungen	120 Mio. €**
=	Cashflow aus laufender Geschäftstätigkeit (überschlägig)	6.978 Mio. €

* = 3.098 + 964 + 533 + 625
** = 7.487 – 7.367

Aussagekraft und Besonderheit nach HGB

Kennzahl zur Beurteilung der (dynamischen) Liquidität des Unternehmens. Der Cashflow aus laufender Geschäftstätigkeit ermittelt den finanziellen Überschuss einer Periode, den ein Unternehmen aus eigener Kraft im Rahmen der betrieblichen Geschäftstätigkeit erwirtschaftet hat. Die Kennzahl bringt die Innenfinanzierungskraft zum Ausdruck. Bei direkter Ermittlung werden die Zahlungszu- und -abflüsse der Periode als Differenz von zahlungswirksamen Erträgen und Aufwendungen angegeben. Üblicherweise erfolgt die Ermittlung aber indirekt ausgehend vom Jahresergebnis oder EBT, das um nicht zahlungswirksame Aufwendungen/Erträge korrigiert wird. Der Cashflow zeigt die erwirtschafteten Mittel aus dem Umsatzprozess einer Periode, die für Investitionen, Schuldentilgung, Gewinnausschüttung oder zur Stärkung der Liquidität verwendet werden können.

Je höher der Cashflow, desto besser ist das Unternehmen ohne Rückgriff auf dritte Geldgeber in der Lage, finanzielle Mittel bereitzustellen. Insoweit ist der Cashflow ein Ausdruck der Finanzautonomie.

Würdigung

- ➕ Im Vergleich zum Jahresüberschuss relativ unempfindlich gegenüber bilanzpolitischen Maßnahmen. Im Zeitvergleich werden Informationen zur Veränderung des Innenfinanzierungsspielraums gegeben.

- ❗ Überschlägiger Cashflow gibt nur eine grobe Orientierung (→ Cashflow aus laufender Geschäftstätigkeit). Ein Betriebsvergleich erfordert die Berücksichtigung einer unterschiedlichen Vermögens- und Kapitalstruktur.

- ➖ Eingeschränkt als Erfolgsindikator verwendbar, weil tatsächliche betriebswirtschaftliche Größen nicht berücksichtigt werden (z. B. Rückstellungszuführung, Abschreibungen).

Cash flow from operating activities (estimated respectively according to practitioner-formula) — 5.2

Formula		Example
	annual profit	1,638 € million
+	depreciations and value adjustments	5,220 € million*
+/–	increase/decrease in pension obligations	120 € million**
=	cash flow from operating activities (estimated)	6,978 € million

* = 3,098 + 964 + 533 + 625
** = 7,487 – 7,367

Significance in the context of HGB

This ratio evaluates the company's (dynamic) liquidity. Cash flow from operating activities determines the company's financial surplus, generated by its own means from operating activities during one period. This ratio expresses the ability for internal financing. With the direct method, one period's cash in- and out-flow is specified as the difference between payment-affecting income and expenses. However, calculation is normally indirect with annual profit or EBT as the starting point with corrections of non-cash income/expenses. Cash flow reveals the funds, which were generated in the revenue process of one period. These can be used for investment, debt repayment, dividend payout or strengthening liquidity.

The higher the cash flow, the greater the company's ability to provide financial resources without falling back on third party investors. In this respect cash flow expresses financial autonomy.

Appraisal

+ Compared with annual profit this is relatively unsusceptible to accounting policy measures. In time comparison information is given regarding changes of internal financing leeway.

! Estimated cash flow gives a rough orientation only (→ cash flow from operating activities). Inter-company comparison requires consideration of different asset and capital structures.

– Limited significance as performance indicator, because actual economic factors are disregarded (e.g. additions to provisions, depreciation).

5.3 Cashflow aus laufender Geschäftstätigkeit (DRS 2)

Formel

    Periodenergebnis (einschließlich Ergebnisanteilen von Minderheitsgesellschaftern/Anteilen anderer Gesellschafter) vor außerordentlichen Posten

+/– Abschreibungen/Zuschreibungen auf Gegenstände des Anlagevermögens

+/– Zunahme/Abnahme der Rückstellungen

+/– Sonstige zahlungsunwirksame Aufwendungen/Erträge (bspw. Abschreibung auf ein aktiviertes Disagio)

–/+ Gewinn/Verlust aus dem Abgang von Gegenständen des Anlagevermögens

–/+ Zunahme/Abnahme der Vorräte, der Forderungen aus Lieferungen und Leistungen sowie anderer Aktiva, die nicht der Investitions- oder Finanzierungstätigkeit zuzuordnen sind

+/– Zunahme/Abnahme der Verbindlichkeiten aus Lieferungen und Leistungen sowie anderer Passiva, die nicht der Investitions- oder Finanzierungstätigkeit zuzuordnen sind

+/– Ein- und Auszahlungen aus außerordentlichen Posten

=   Cashflow aus der laufenden Geschäftstätigkeit

Aussagekraft und Besonderheit nach HGB

Im Vergleich zum überschlägigen Cashflow (→ Cashflow aus laufender Geschäftstätigkeit, überschlägig bzw. gem. sog. Praktiker-Formel) erfolgt die Ermittlung gem. DRS 2 genauer. Allerdings können gem. DRS 2.36-39 erhaltene Dividenden und Zinsen in Ausnahmefällen der Investitionstätigkeit und gezahlte Zinsen der Finanzierungstätigkeit zugeordnet werden, sodass ein Betriebsvergleich eine Vereinheitlichung der Wahlrechte im Rahmen von Aufbereitungsrechnungen voraussetzt. Grundsätzlich sind erhaltene und gezahlte Zinsen sowie erhaltene Dividenden der laufenden Geschäftstätigkeit und gezahlte Dividenden der Finanzierungstätigkeit zuzuordnen.

Würdigung

- ⊕ Im Vergleich zum Jahresüberschuss relativ unempfindlich gegenüber bilanzpolitischen Maßnahmen. Im Zeitvergleich werden Informationen zur Veränderung des Innenfinanzierungsspielraums gegeben.
- ⊖ Eingeschränkt als Erfolgsindikator verwendbar, weil tatsächliche betriebswirtschaftliche Größen nicht berücksichtigt werden (z. B. Rückstellungszuführung, Abschreibungen).

Cash flow from operating activities (according to GAS 2)

5.3

Formula

    profit or loss (including non-controlling interests/minority interests) before extraordinary items

+/– depreciation/appreciation of fixed assets

+/– increase/decrease in provisions

+/– other non-cash expenses/income (e.g. depreciation on capitalised debt discount)

–/+ profit/loss from asset disposal

–/+ increase/decrease of inventories, accounts receivable trade as well as assets, that can not be assigned to investing or financing activities

+/– increase/decrease of accounts payable trade as well as other liabilites that can not be assigned to investing or financing activities

+/– cash inflows and outflows from extraordinary items

= cash flow from operating activities

Significance in the context of HGB

Compared to the estimated cash flow (→ cash flow from operating activities, estimated respectively according to the practitioner formula) calculation according to GAS 2 is more accurate. However, in exceeptional cases according to GAS 2.36-39 received dividend and received/paid interest can be assigned to investing activities and paid interest to financing activities. In principle, received and paid interest as well as received dividends are assigned to operating acitvities and paid dividend assigned to financing activities to the operating or investment respectively financing area.

Appraisal

➕ Compared to annual profit it is relatively unsusceptible to accounting policy measures. In time comparison information is given regarding changes of internal financing leeway.

➖ Limited significance as performance indicator, because actual economic factors are disregarded (e.g. additions to provisions, depreciation).

5.4 Free Cashflow

auch freier Cashflow genannt

Formel

    Cashflow aus laufender Geschäftstätigkeit*

= Netto-Cashflow**

− Investitionen (Cashflow aus Investitionstätigkeit)

= Free Cashflow

* vereinfachend kann alternativ ein überschlägiger Cashflow verwendet werden

** Netto-Cashflow nach Zinsaufwand, wie hier berechnet, bei Anwendung des Entity-Konzepts (→ Shareholder Value)

Aussagekraft und Besonderheit nach HGB

Der Free Cashflow zeigt, wie viele der in der Periode selbst erwirtschafteten liquiden Mittel (= Kassenbestand und Guthaben bei Kreditinstituten) einem Unternehmen nach Abzug von Investitionen (korrigiert um Desinvestitionen) zur Verfügung stehen, um bspw. Schulden zu tilgen oder Dividenden zu zahlen. Diese Kennzahl wird von Kreditinstituten als Indikator für die Rückzahlungsfähigkeit von Krediten verwendet.

Der Free Cashflow ist die Grundlage zur Ermittlung des → Shareholder Value nach der Equity-Methode und auch Grundlage zur Ermittlung des Gesamtunternehmenswerts nach der Entity-Methode.

Würdigung

- ⊕ Grundlage für die Ermittlung des Shareholder Value und des Gesamtunternehmenswerts. Höhe des Free Cashflow ist unabhängig von der Unternehmensfinanzierung.
- ❗ Kennzahlenwert wird beeinflusst von der Aktivierung selbst erstellter immaterieller Werte, deren Investitionsbetrag daher bei Betriebsvergleichen nicht berücksichtigt werden sollte.
- ⊖ Starke Schwankungen z. B. bei Investitionszyklen.

Free cash flow 5.4

Formula

    cash flow from operating activities*
= net cash flow**
− investments (cash flow from investing activities)
= free cash flow

* for simplification, an estimated cash flow can be used alternatively
** net cash flow after interest expense when applying the entity method, as in this case (→ shareholder value)

Significance in the context of IFRS

Free cash flow reveals the company's amount of available, self-generated liquid assets (= cash on hand and bank balances) in one period, after deducting investments (adjusted for disinvestment), which can be used, for example, for paying off debt or paying out dividends.

This ratio is used by banks as an indicator for the repayment ability of credits. Free cash flow is the basis for determining → shareholder value according to the equity-method and is also a basic requirement for business valuation according to the entity method.

Appraisal

- ➕ Basis for determining shareholder value and business valuation. Amount of free cash flow is independent from corporate financing.
- ❗ The ratio's value is influenced by the capitalization of internally generated intangible assets. This investment amount should, therefore, not be considered for inter-company comparison.
- ➖ Strong fluctuations due to investment cycles, for example

5.5 Cashflow aus Investitionstätigkeit (DRS 2)

Formel

  Einzahlungen aus Abgängen von Gegenständen des Sachanlagevermögens
- Auszahlungen für Investitionen in das Sachanlagevermögen
+ Einzahlungen aus Abgängen von Gegenständen des immateriellen Anlagevermögens
- Auszahlungen für Investitionen in das immaterielle Anlagevermögen
+ Einzahlungen aus Abgängen von Gegenständen des Finanzanlagevermögens
- Auszahlungen für Investitionen in das Finanzanlagevermögen
+ Einzahlungen aus dem Verkauf von konsolidierten Unternehmen und sonstigen Geschäftseinheiten
- Auszahlungen für den Erwerb von konsolidierten Unternehmen und sonstigen Geschäftseinheiten
+ Einzahlungen aufgrund von Finanzmittelanlagen im Rahmen der kurzfristigen Finanzdisposition
- Auszahlungen aufgrund von Finanzmittelanlagen im Rahmen der kurzfristigen Finanzdisposition
= Cashflow aus der Investitionstätigkeit

Aussagekraft und Besonderheit nach HGB

Der Cashflow aus Investitionstätigkeit ergibt sich aus dem Saldo der Zahlungsmittel, die in den Erwerb von Anlagevermögen investiert bzw. aus deren Veräußerung erzielt wurden. Der Cashflow aus Investitionstätigkeit ist i. d. R. negativ und bringt zum Ausdruck, wie viele Mittel das Unternehmen in den Fortbestand investiert hat. Wahlrechte hinsichtlich der Zuordnung zu den Cashpools (Cashflow aus laufender Geschäftstätigkeit, Investitionstätigkeit und Finanzierungstätigkeit) beeinflussen deren Höhe (siehe → Cashflow aus laufender Geschäftstätigkeit).

Würdigung

- ➕ Gibt Aufschluss über die Mittelverwendung. Zeigt zusammen mit dem Cashflow aus laufender Geschäftstätigkeit das zusätzliche Finanzierungsvolumen.
- ❗ Variiert i. d. R. stark im Zeitablauf.
- ➖ Nicht erkennbar, ob Erweiterungs- oder Ersatzinvestitionen getätigt wurden; ggf. ableitbar unter Berücksichtigung der Abschreibungen. Keine Aussage über Notwendigkeit der Investitionen; Off-Balance-Sheet-Positionen bleiben unberücksichtigt.

Cash flow from investing activities (GAS 2)   5.5

Formula

   cash inflow from fixed asset disposal
- cash outflow from fixed asset investment
+ cash inflow from intangible asset disposal
- cash outflow from intangible asset investment
+ cash inflow from financial asset disposal
- cash outflow from financial asset investment
+ cash inflow from the sale of consolidated companies and other business units
- cash outflow from the sale of consolidated companies and other business units
+ cash inflow from financial assets regarding short-term financial planning
- cash outflow from financial assets regarding short-term financial planning
= cash flow from investing activities

Significance in the context of IFRS

Cash flow from investing activities results from the balance of payment instruments, which were invested in fixed assets respectively generated from selling these. Cash flow from investing activities is normally negative and expresses the amount of money that was invested in the continued existence of the company. Options regarding the assignment to cash-pools (cash flow from operating activities, investing and financing activities) influence their amount (refer to → cash flow from operating activities).

Appraisal

- ➕ Informs about the allocation of resources; together with cash flow from operating activities shows additional financing volume.
- ❗ Normally varies strongly over time
- ➖ Unrecognizable, if expansion or replacement investments were done, possibly derivable under consideration of depreciations. No statement about the necessity of investments; off-balance sheet items are disregarded.

5.6 Cashflow aus Finanzierungstätigkeit (DRS 2)

Formel

    Einzahlungen aus Eigenkapitalzuführungen (Kapitalerhöhungen, Verkauf eigener Anteile, etc.)

- Auszahlungen an Unternehmenseigner und Minderheitsgesellschafter (Dividenden, Erwerb eigener Anteile, Eigenkapitalrückzahlungen, andere Ausschüttungen)
+ Einzahlungen aus der Begebung von Anleihen und der Aufnahme von (Finanz-) Krediten
- Auszahlungen aus der Tilgung von Anleihen und (Finanz-) Krediten
= Cashflow aus der Finanzierungstätigkeit

Aussagekraft und Besonderheit nach HGB

Der Cashflow aus Finanzierungstätigkeit ergibt sich aus dem Saldo der Zahlungsmittel, die im Zusammenhang mit Finanzierungstätigkeiten zu- und abgeflossen sind. Zuflüsse resultieren aus der Aufnahme von Eigenkapital (bspw. durch Börsengang oder Kapitalerhöhung) oder aus Fremdkapitalaufnahme (Darlehensaufnahme oder Begebung von Anleihen). Mittelabflüsse entstehen durch Ausschüttung an Anteilseigner (z. B. Dividende) oder Tilgung von Verbindlichkeiten.

Wahlrechte hinsichtlich der Zuordnung zu den drei Cashpools (Cashflow aus laufender Geschäftstätigkeit, Investitionstätigkeit und Finanzierungstätigkeit) beeinflussen deren Höhe (siehe → Cashflow aus laufender Geschäftstätigkeit).

Würdigung

- (+) Gibt Aufschluss über die Herkunft von Finanzmitteln. Verdeutlicht die Finanzierungstätigkeit und Finanzierungsfähigkeit. Alle drei Cashpools zusammen zeigen – ergänzt um wechselkurs-, konsolidierungskreis- und bewertungsbedingte Effekte mit Zahlungswirkung im Konzernabschluss – die Veränderung der liquiden Mittel auf.
- (!) Variiert ggf. stark im Zeitablauf.
- (−) Rückschlüsse auf die zukünftige Entwicklung sind kaum möglich.

Cash flow from financing activities (GAS 2)   5.6

Formula

    cash inflow from additions to equity (capital increases, sales of treasury shares, etc.)

− distributions to shareholders and minority interests (dividends, acquisition of own shares, equity repayments, other distributions)

+ cash inflow from the issue of bonds and borrowing (financial) loans

− cash outflow due to the repayment of bonds and (financial) loans.

= cash flow from financing activities

Significance in the context of HGB

Cash flow from financing activities results from the balance of payment instruments associated with financing inflows and outflows. Inflow arises from raising equity (e.g. from IPO or capital increase) or raising external capital (borrowing or bond issue). Outflows result from distributions to shareholders (e.g. dividends) or repayment of liabilities.

Options regarding the assignment to the three cash-pools (cash flow from operating activities, from investing activities and from financing activities) influence their amount (refer to → cash flow from operating activities).

Appraisal

➕ Informs about the origin of financial resources. Illustrates financing activity and financial ability. All three cash-pools together show changes of cash and cash equivalents – supplemented by effects related to exchange rate, consolidation scope and valuation with payment impact in the consolidated financial statement.

❗ Varies strongly over time

➖ Conclusions regarding future development are barely possible.

5.7 Innenfinanzierungskraft

auch Innenfinanzierungsgrad der Investitionen oder Finanzkraft genannt

Formel

$$\frac{\text{Cashflow aus laufender Geschäftstätigkeit}}{\text{Nettoinvestitionen}} \times 100$$

Aussagekraft und Besonderheit nach HGB

Die Innenfinanzierungskraft zeigt die Relation von → Cashflow aus laufender Geschäftstätigkeit der Periode zu Nettoinvestitionen an. Diese Kennzahl zeigt, inwieweit das Unternehmen in der Lage ist, Investitionen aus selbst erwirtschafteten Mitteln zu finanzieren. Ab einem Kennzahlwert von 100% ist eine vollständige Innenfinanzierung der Investitionen erreicht. Diese Interpretation setzt allerdings voraus, dass der in der Periode erwirtschaftete Cashflow (→ Cashflow aus laufender Geschäftstätigkeit) zunächst für Investitionen und erst ein verbleibender Restbetrag für Schuldentilgung und Dividendenzahlung genutzt wird. Anstelle der Nettoinvestitionen können vereinfachend die Zugänge gem. Anlagenspiegel verwendet werden.

Die Höhe der Nettoinvestitionen wird von der Nutzung des Aktivierungswahlrechts für selbst erstellte immaterielle Vermögensgegenstände des Anlagevermögens bestimmt. Zudem werden die Herstellungskosten von Sachanlagen durch das Wahlrecht zur Einbeziehung von Verwaltungskosten in die Herstellungskosten beeinflusst; → Anlagenintensität. Siehe auch → Cashflow aus laufender Geschäftstätigkeit.

Würdigung

- ➕ Gibt Aufschluss über die Innenfinanzierungskraft der Anlagenzugänge und über zusätzlichen Finanzbedarf der Investitionstätigkeit.
- ❗ Unterstellt eine erste Verwendung des Cashflows aus betrieblicher Tätigkeit für Investitionen.
- ➖ Kann ggf. im Zeitablauf stark schwanken. Betriebsvergleich ist nur eingeschränkt aussagekräftig.

Internal financing capacity

5.7

also referred to as internal financing rate of investment or financial strength

Formula

$$\frac{\text{cash flow from operating activities}}{\text{net investment}} \times 100$$

Significance in the context of HGB

Internal financing capacity shows the relation of → cash flow from operating activities to net investment. This ratio reveals the extent to which the company is able to finance investment from self-generated funds. Complete internal financing is reached at a value of 100% or higher. This interpretation, however, assumes that the period's generated cash flow (→ cash flow from operating activities) is used for investments first and only the residual amount is used for debt repayment and dividend distribution. Instead of net investment, additions according to the asset history sheet may be used as well.

The amount of net investment depends on the usage of capitalisation options regarding self-generated intangible fixed assets. Furthermore, manufacturing costs of property, plant and equipment are influenced by the inclusion of administration costs; → fixed asset intensity. See also → cash flow from operating acitvities.

Appraisal

+ Provides information about internal financing capacity of asset additions and about additional financial needs of investment activity.

! Assumes that cash flow from operating activities is used for investment first

− May vary strongly over time; informative value of inter-company comparison is limited.

Besonderheiten der Konzernabschlussanalyse

5.8 Entschuldungsgrad

auch Kapitaldienstfähigkeit genannt

Formel

$$\frac{\text{Cashflow aus laufender Geschäftstätigkeit}}{\text{Effektivverschuldung}} \times 100$$

Aussagekraft und Besonderheit nach HGB

Der Entschuldungsgrad ist ein Indikator für die Schuldentilgungskraft des Unternehmens und zeigt dessen Fähigkeit, die Effektivverschuldung aus selbst erwirtschafteten Mitteln zu tilgen. Diese Kennzahl wird häufig bei Insolvenzprognosen eingesetzt, weil die Effektivverschuldung in Krisensituationen wegen der schlechten Auftragslage steigt und gleichzeitig der Cashflow aus laufender Geschäftstätigkeit wegen rückläufiger Umsätze abnimmt.

Anstelle der → Effektivverschuldung können auch die Netto-Finanzschulden (Verbindlichkeiten gegenüber Kreditinstituten, Anleihen, Schuldschein- und sonstige Darlehen abzüglich Zahlungsmittel) verwendet werden.

Zu Besonderheiten HGB → Effektivverschuldung (absolut) sowie → Cashflow aus laufender Geschäftstätigkeit.

Würdigung

- (+) Im Zeitvergleich dient die Kennzahl als Krisenindikator. Eignung für Zeit- und Betriebsvergleich.
- (−) Basiert auf der Annahme eines gleichbleibenden Cashflows und der ausschließlichen Verwendung des Cashflows zur Schuldentilgung. Keine Aussage über fristenkongruente Finanzierung; nichtbilanzierte Verbindlichkeiten (z. B. aus Leasinggeschäften) bleiben unberücksichtigt. Kann ggf. im Zeitablauf stark schwanken.

Particularities of consolidated financial statements analysis

Degree of debt relief 5.8

also referred to as ability to service debt

Formula

$$\frac{\text{cash flow from operating activities}}{\text{effective debt}} \times 100$$

Significance in the context of HGB

The degree of debt relief indicates the company's ability to repay debt and shows its capability to pay off effective debt with self-generated funds. This ratio is often used for insolvency forecast because effective debt increases in crisis situations due to poor order levels. At the same time, cash flow from operating activities decreases due to falling revenues.

Instead of → effective debt, net financial debt (amounts owed to credit institutions, bonds, promissory notes and other loans less cash and cash equivalents) may be used as well.

For peculiarities HGB → effective debt (absolute) and → cash flow from operating activities.

Appraisal

- ➕ In time comparison; this ratio serves as a crisis indicator. Suited for time and inter-company comparison.

- ➖ Based on the assumption of a constant cash flow and its exclusive use for debt repayment; no statement about matching maturity financing; off-balance sheet items are disregarded; may vary strongly over time.

5.9 Dynamischer Verschuldungsgrad

auch Schuldentilgungsdauer oder Tildungsdauer genannt

Formel

$$\frac{\text{Effektivverschuldung}}{\text{Cashflow aus laufender Geschäftstätigkeit}}$$

Aussagekraft und Besonderheit nach HGB

Der dynamische Verschuldungsgrad ist der Kehrwert des → Entschuldungsgrads und bringt zum Ausdruck, nach wie vielen Jahren die Effektivschulden durch den (annahmegemäß konstanten) Cashflow getilgt werden können.

Die Kennzahl unterstellt, dass der in der Periode erwirtschaftete Cashflow ausschließlich der Schuldentilgung dient. Diese zunächst rein theoretische Überlegung erlaubt es durchaus, z. B. im Vergleich mit Branchendurchschnittswerten, unterschiedliche Verschuldungs- und Finanzierungsspielräume der betrachteten Unternehmen zu erkennen und finanzielle Stärken oder Schwächen des Unternehmens zu diagnostizieren. Ein negativer Kennzahlenwert ist dann nicht als negativ zu betrachten, wenn die Effektivverschuldung negativ ist. In diesem Fall ist das Unternehmen fast schuldenfrei. Ein negativer Kennzahlenwert aufgrund eines negativen Cashflows ist dagegen kritisch zu betrachten.

Anstelle der → Effektivverschuldung können auch die Netto-Finanzschulden (Verbindlichkeiten gegenüber Kreditinstituten, Anleihen, Schuldschein- und sonstige Darlehen abzüglich Zahlungsmittel) verwendet werden.

Zu Besonderheiten HGB → Effektivverschuldung (absolut), → Innenfinanzierungskraft sowie → Cashflow aus laufender Geschäftstätigkeit.

Würdigung

- ➕ Im Zeitvergleich dient die Kennzahl als Krisenindikator. Eignung für Zeit- und Betriebsvergleich.
- ➖ Basiert auf der Annahme eines gleichbleibenden Cashflows und der ausschließlichen Verwendung des Cashflows zur Schuldentilgung. Keine Aussage über fristenkongruente Finanzierung; nichtbilanzierte Verbindlichkeiten (z. B. aus Leasinggeschäften) bleiben unberücksichtigt. Kann ggf. im Zeitablauf stark schwanken.

Dynamic debt ratio 5.9

also referred to as debt repayment period or borrowed capital redemption period

Formula

$$\frac{\text{effective debt}}{\text{cash flow from operating activities}}$$

Significance in the context of HGB

Dynamic debt ratio is the reciprocal value of debt relief degree (→ degree of debt relief). It expresses the number of years after which effective debt can be repaid by (assumed constant) cash flows.

This ratio implies that the period's generated cash flow is exclusively used for debt repayment. An application of this ratio is therefore only reasonable with time and inter-company comparisons. This initially purely theoretical consideration allows, for example, by comparing sectoral averages, to diagnose the company's financial strengths or weaknesses. Dynamic debt ratio, however, gives information about different indebtedness and financial scopes of the considered companies. A negative value of this ratio must not be viewed pessimistically if effective debt is also negative. In that case the company is nearly debt-free. Then again, a negative value due to negative cash flows must be viewed critically.

Instead of → effective debt, net financial debt (amounts owed to credit institutions, bonds, promissory notes and other loans less cash and cash equivalents) may also be used.

For pecularities HGB → effective debt (absolute), → internal financing capacity and → cash flow from operating activities.

Appraisal

+ In time comparison, this ratio serves as a crisis indicator; suited for time and inter-company comparison.

− Based on the assumption of a constant cash flow and its exclusive use for debt repayment; no statement about matching maturity financing; off-balance sheet items are disregarded; may vary strongly over time.

5.10 Wachstumsmöglichkeiten

auch Cashflow-Rendite genannt

Formel

$$\frac{\text{Cashflow aus laufender Geschäftstätigkeit (DRS 2)}}{\text{Gesamtkapital}} \times 100$$

Aussagekraft und Besonderheit nach HGB

Die Kennzahl Wachstumsmöglichkeiten drückt den Anteil des Cashflows am Gesamtkapital aus und gibt Aufschluss über die finanziellen Rückflüsse des investierten Kapitals. Die Wachstumsmöglichkeiten hängen ab von den Investitionsmöglichkeiten und der finanziellen Ausstattung des Unternehmens.

Je höher der Kennzahlenwert, desto besser sind die Wachstumsaussichten zu beurteilen. Die Beurteilung sollte unter Berücksichtigung der gesamtwirtschaftlichen Entwicklung und der Wachstumsaussichten der Branche erfolgen. Im Zeitvergleich ist erkennbar, ob sich mit steigenden Kennzahlenwerten die Wachstumsaussichten verbessern.

Zu Besonderheiten → Cashflow aus laufender Geschäftstätigkeit, → Innenfinanzierungskraft sowie → Anlagenintensität.

Würdigung

+ Gibt Aufschluss über die Wachstumsaussichten des Unternehmens.
! Gesamtwirtschaftliche Entwicklung und Wachstumsaussichten der Branche sind bei der Beurteilung der Kennzahl zu berücksichtigen.
− Off-Balance-Sheet-Positionen bleiben unberücksichtigt.

Growth opportunities

5.10

also referred to as cash flow return

Formula

$$\frac{\text{cash flow from operating activities (GAS 2)}}{\text{total capital}} \times 100$$

Significance in the context of HGB

The growth opportunities ratio shows the proportion of cash flow of the total capital and gives information about the financial return on invested capital. Opportunities for growth depend on investment possibilities and the company's financial resources.

The higher the ratio's value, the better the company's outlook regarding growth. Assessment should be done with consideration of overall economic development and sectoral growth prospects. In time comparison it becomes clear if growth opportunities improve while the ratio's value increases.

For pecularities → cash flow from operating activities, → internal financing capacity and → fixed asset intensity.

Appraisal

- Gives information about the company's growth prospects
- Overall economic development and sectoral growth outlook must be considered when assessing this ratio.
- Off-balance-sheet items are disregarded.

5.11 Cashflow-Marge

auch Cashflow-Umsatzrate oder Cashflow-Umsatzrentabilität genannt

Formel

$$\frac{\text{Cashflow aus laufender Geschäftstätigkeit}}{\text{Umsatz}} \times 100$$

Aussagekraft und Besonderheit nach HGB

Die Cashflow-Marge zeigt die Relation von Cashflow aus laufender Geschäftstätigkeit zu Umsatz. Die Kennzahl gibt die Liquiditätskraft des Umsatzes wieder und sagt aus, wie viel Prozent des Umsatzes dem Unternehmen als liquide Mittel (= Kassenbestand und Guthaben bei Kreditinstituten) für Investitionen, Schuldentilgung und Dividendenzahlungen zur Verfügung stehen. Diese Zahl verdeutlicht z. B. die liquiditätsmäßige Widerstandskraft des Unternehmens bei Preisrückgängen oder bei währungskursbedingtem Erlösverfall am Absatzmarkt oder die liquiditätsmäßige Positionierung im Wettbewerberkreis. Zudem gilt die Cashflow-Marge – in Abhängigkeit von der geplanten oder erwarteten Umsatzentwicklung – als Indikator für das künftige Finanzierungspotenzial eines Unternehmens. Da der Cashflow weniger beeinflussbar ist als das Jahresergebnis, verändert sich die Kennzahl aufgrund gestiegener Abschreibungen oder Rückstellungszuführungen nicht.

Zu Besonderheiten → Cashflow aus laufender Geschäftstätigkeit und → Innenfinanzierungskraft.

Würdigung

+ Kaum bilanzpolitisch beeinflussbar. Gibt Aufschluss über die Ertragskraft und das künftige Finanzierungspotenzial des Unternehmens im Zeitablauf.

− Kann im Zeitablauf ggf. stark schwanken.

Cash flow margin

5.11

also referred to as cash flow turnover rate or cash flow turnover profitability

Formula

$$\frac{\text{cash flow from operating activities}}{\text{revenue}} \times 100$$

Significance in the context of HGB

Cash flow margin shows the relation of cash flow from operating activities to revenue. This ratio reflects the revenue's liquidity power and tells us what percentage of revenue is available for investment, debt repayment and dividend payment in terms of liquid assets (= cash on hand and bank balances). The number illustrates, for example, the company's resistance to drops in price. Both in terms of liquidity or the liquidity position compared to competitors during currency exchange rate related drops in revenue. Moreover, the cash flow margin indicates the company's future financing potential – depending on planned or expected revenue development. Since cash flow is less influenceable than the annual result, this ratio will not change due to increased depreciation or additions to provisions.

For peculiarities → cash flow from operating activities and → internal financing capacity.

Appraisal

➕ Barely possible to influence by accounting policy; gives information about the company's profitability and future financing potential over time

➖ May vary strongly over time

5.12 Investitionsgrad

Formel

$$\frac{(-)\text{Cashflow aus Investitionstätigkeit}}{\text{Cashflow aus laufender Geschäftstätigkeit}} \times 100$$

Aussagekraft und Besonderheit nach HGB

Der Investitionsgrad gibt an, inwieweit der Cashflow aus laufender Geschäftstätigkeit zur Finanzierung von Investitionen reichte und inwieweit dieser noch zur Schuldentilgung und Dividendenzahlung zur Verfügung steht. Ein Kennzahlenwert über 100% signalisiert, dass mehr investiert wurde, als liquide Mittel (= Kassenbestand und Guthaben bei Kreditinstituten) aus dem Umsatzprozess generiert werden konnten, und dass das Unternehmen auf zusätzliche Fremdfinanzierung angewiesen ist. Diese Kennzahl sollte zusammen mit der → Cashflow-Deckungskraft interpretiert werden.

Zu Besonderheiten → Cashflow aus laufender Geschäftstätigkeit und → Innenfinanzierungskraft.

Würdigung

- ➕ Indikator für die Finanzkraft des Unternehmens. Kaum bilanzpolitisch beeinflussbar.
- ➖ Unterstellt, dass das Unternehmen keine neuen liquiden Mittel aufnehmen kann. Vergangenheitsorientierte Betrachtung; historische Daten werden als repräsentativ für die Zukunft unterstellt. Off-Balance-Sheet-Positionen bleiben unberücksichtigt.

Degree of investment 5.12

Formula

$$\frac{(-)\text{cash flow from investment activities}}{\text{cash flow from operating activities}} \times 100$$

Significance in the context of HGB

The degree of investment specifies the amount of cash flow from operating activities that is available for debt repayment and dividend payment after investment activity. A ratio's value exceeding 100% means that the company invested more liquid assets (= cash on hand and bank balances) than were generated in the revenue process and that additional outside financing is necessary. This ratio should be interpreted along with the → cash flow coverage.

For pecularities → cash flow from operating activities and → internal financing capacity.

Appraisal

+ Indicator of the company's financial strength; barely possible to influence accounting policy
− Assumes that the company cannot borrow additional liquid funds. Past-oriented view; historical data as representation for the future is imputed. Off-balance sheet items are disregarded.

5.13 Cashflow-Deckungskraft

auch Cashflow-Verwendungsrelation genannt

Formel

$$\text{Cashflow-Deckungskraft I} = \frac{\text{Auszahlungen für Investitionen}}{\text{Cashflow aus laufender Geschäftstätigkeit}}$$

$$\text{Cashflow-Deckungskraft II} = \frac{\text{Auszahlungen für Investitionen} + \text{Fremdkapitaltilgungen}}{\text{Cashflow aus laufender Geschäftstätigkeit}}$$

$$\text{Cashflow-Deckungskraft III} = \frac{\text{Auszahlungen für Investitionen} + \text{Fremdkapitaltilgungen} + \text{Dividendenzahlungen}}{\text{Cashflow aus laufender Geschäftstätigkeit}}$$

Aussagekraft und Besonderheit nach HGB

Kennzahlen zur Cashflow-Deckungskraft verdeutlichen, in welchem Ausmaß bestimmte Ausgaben aus dem Cashflow bestritten werden konnten. Diese Kennzahlen dienen dazu, die Reichweite des Cashflows im zeitlichen und überbetrieblichen Vergleich beurteilbar zu machen. Die drei Berechnungen der Cashflow-Deckungskraft spiegeln die Cashflow-Verwendungsrechnung wider und verdeutlichen in der Dringlichkeitsfolge der Verwendung der finanziellen Mittel, in welchem Ausmaß das Unternehmen existenzentscheidende Verpflichtungen aus selbsterwirtschafteten Finanzmitteln bestreiten konnte. Die Auszahlungen für Investitionen entsprechen der Höhe des → Cashflow aus Investitionstätigkeit; die Fremdkapitaltilgung ist in der Kapitalflussrechnung ausgewiesen.

Zu Besonderheiten → Innenfinanzierungskraft, → Schuldentilgungsdauer sowie → Cashflow aus laufender Geschäftstätigkeit.

Würdigung

+ Indikator für die Finanzkraft des Unternehmens. Kaum bilanzpolitisch beeinflussbar.

! Kennzahlenwert wird beeinflusst von der Aktivierung selbst erstellter immaterieller Vermögensgegenstände des Anlagevermögens, deren Investitionsbetrag daher bei Betriebsvergleichen nicht berücksichtigt werden sollte.

− Unterstellt, dass das Unternehmen keine neuen liquiden Mittel aufnehmen kann. Vergangenheitsorientierte Betrachtung; historische Daten werden als repräsentativ für die Zukunft unterstellt.

Cash flow coverage 5.13

also referred to as cash flow usage relations

Formula

$$\text{Cash flow coverage I} = \frac{\text{investment payments}}{\text{cash flow from operating activities}}$$

$$\text{Cash flow coverage II} = \frac{\text{investment payments} + \text{debt repayment}}{\text{cash flow from operating activities}}$$

$$\text{Cash flow coverage III} = \frac{\text{investment payments} + \text{debt repayment} + \text{dividend payment}}{\text{cash flow from operating activities}}$$

Significance in the context of HGB

Cash flow coverage ratios illustrate the extent to which certain expenses could be covered by cash flow. With regard to time and inter-company comparison these three ratios aim to evaluate the scope of cash flow. These three cash flow coverage calculations reflect cash flow application and – in order of priority of financial asset usage – illustrate the extent to which vital obligations could be fulfilled by the company, with self-generated financial assets. Payments for investment equal the amount of → cash flow from investing activities; the amount of debt repayment is reported in the cash flow statement.

For pecularities → internal financing strength, → debt repayment period, and → cash flow from operating activities.

Appraisal

+ Indicator of the company's financial power. Barely possible to influence by accounting policy.

! The ratio's value is influenced by the capitalization of internally generated intangible assets. This investment amount should, therefore, not be considered for inter-company comparison.

− Assumes that the company cannot borrow additional liquid funds. Past-oriented view; historical data as representation for the future is imputed.

5.14 Cash-Burn-Rate

Formel

$$\frac{\text{liquide Mittel } + \text{ kurzfristig gehaltene Wertpapiere}}{\text{negativer Cashflow aus laufender Geschäftstätigkeit}}$$

Aussagekraft und Besonderheit nach HGB

Die Cash-Burn-Rate ist eine Kennzahl zur Insolvenzprognose bei jungen Wachstumsunternehmen. Diese Kennzahl zeigt, wann – bei einem angenommenen konstanten negativen Cashflow aus laufender Geschäftstätigkeit – mit einem Verbrauch der vorhandenen liquiden Mittel und der kurzfristig gehaltenen Wertpapiere zu rechnen ist. Je niedriger die Kennzahl, desto schneller wird das Unternehmen in Zahlungsschwierigkeiten geraten. Im Gegensatz zur Cash-Burn-Rate zeigt die sog. Burn-Rate, die einen angefallenen Verlust in Relation zum Umsatz setzt, wie viel Verlust pro Einheit Umsatz erwirtschaftet wurde.

Zu Besonderheiten → Cashflow aus laufender Geschäftstätigkeit und → Innenfinanzierungskraft.

Würdigung

- ➕ Indikator zur Insolvenzprognose bei jungen Wachstumsunternehmen. Kaum bilanzpolitisch beeinflussbar.

- ➖ Unterstellt, dass das Unternehmen keine neuen liquiden Mittel aufnehmen kann. Vergangenheitsorientierte Betrachtung; historische Daten werden als repräsentativ für die Zukunft unterstellt.

Cash-burn rate 5.14

Formula

$$\frac{\text{cash and cash equivalents} + \text{current securities}}{\text{negative cash flow from operating activities}}$$

Significance in the context of HGB

The cash-burn rate is a ratio to predict insolvency for young growth companies. With an assumed constant negative cash flow from operating activities, this ratio shows when the available cash and cash equivalents and current securities are consumed. The lower the value, the faster the company will get into pecuniary difficulties. In contrast to the cash-burn rate, the ratio known as burn rate puts losses accrued in relation to revenue and thereby shows the generated losses per one unit revenue.

For pecularities → cash flow from operating activities and → internal financing capacity.

Appraisal

➕ Indicator for insolvency prognosis for young growth companies; barely possible to influence by accounting policy.

➖ Assumes that the company cannot borrow additional liquid funds. Past-oriented view; historical data as representation for the future is imputed.

5.15 Capex zu Abschreibungen

Formel

$$\frac{\text{Auszahlungen für Investitionen}}{\text{Abschreibungen}} \times 100$$

Aussagekraft und Besonderheit nach HGB

Diese Kennzahl bringt die Auszahlungen für Investitionen ins Anlagevermögen (= Capital Expenditure = → Cashflow aus Investitionstätigkeit) in Relation zu den Abschreibungen. Die Kennzahl zeigt, wie viel Prozent der Abschreibungen wieder investiert wurden. Ein Kennzahlenwert unter 100% bedeutet, dass die Investitionen niedriger sind als die Abschreibungen und die Abschreibungen somit nicht vollständig reinvestiert wurden. Bleibt der Wert im Zeitablauf unter 100%, tätigt das Unternehmen keine Erweiterungsinvestitionen und lebt von der Substanz.

Würdigung

- (+) Gibt Hinweise auf Erhaltungs-/Erweiterungsinvestitionen.
- (!) Kennzahlenwert wird beeinflusst von der Aktivierung selbst erstellter immaterieller Anlagen, deren Investitionsbetrag daher bei Betriebsvergleichen nicht berücksichtigt werden sollte.
- (−) Kennzahlenwert wird von der Höhe der Abschreibungen beeinflusst und ist somit abhängig von der Abschreibungsmethode. Isolierte Kennzahl ist wenig aussagekräftig, Zeitvergleich ist notwendig.

Capex to depreciation 5.15

Formula

$$\frac{\text{investment payments}}{\text{depreciation}} \times 100$$

Significance in the context of HGB

This ratio puts investment payments for fixed assets (= capital expenditure, capex = cash flow from investing activities) into relation with depreciations. It shows the percentage of depreciations reinvested. A value below 100% means that investments are less than depreciations and, therefore, depreciations were not fully reinvested. If, over time, this value remains below 100%, the company makes no expansion investments and lives off of its' substance.

Appraisal

- ➕ Allows conclusions regarding replacement/expansion investments

- ❗ The ratio's value is influenced by the capitalization of internally generated intangible assets. This investment amount should, therefore, not be considered for inter-company comparison.

- ➖ The ratio's value is influenced by depreciation and thus dependent on the depreciation method. An isolated ratio is less meaningful, time comparison is necessary.

5.16 Capex zu Umsatz

Formel

$$\frac{\text{Auszahlungen für Investitionen}}{\text{Umsatz}} \times 100$$

Aussagekraft und Besonderheit nach HGB

Diese Kennzahl bringt die Auszahlungen für Investitionen ins Anlagevermögen (= Capital Expenditure = Cashflow aus Investitionstätigkeit) in Relation zum Umsatz. Die Kennzahl zeigt, wie viel Prozent des Umsatzes investiert wurden.

Würdigung

- (+) Umsatz ist weniger bilanzpolitisch beeinflussbar als Abschreibungen (→ Capex zu Abschreibungen).
- (−) Kennzahlenwert wird von der Höhe der Umsätze bestimmt, Umsatz ist durch Sachverhaltsgestaltung beeinflussbar. Isolierte Kennzahl ist wenig aussagekräftig, Zeitvergleich ist notwendig.

Capex to revenue

Formula

$$\frac{\text{investment payments}}{\text{revenue}} \times 100$$

Significance in the context of HGB

This ratio puts investment payments for fixed assets (= capital expenditure, capex = cash flow from investing activities) into relation with revenue. It shows the percentage of revenue reinvested.

Appraisal

➕ The influence of accounting policy on revenue is smaller than on depreciation (→ capex to depreciation).

➖ Ratio's value is determined by the amount of revenue, which can be influenced by the styling of facts. The informative value of isolated ratio is low, time comparison is necessary.

5.17 Umsatzanteil des Segments

Formel

$$\frac{\text{Segmentumsatz}}{\text{Gesamtumsatz}} \times 100$$

Aussagekraft und Besonderheit nach HGB

Kennzahl zur Beurteilung der Umsatzstärke der einzelnen Unternehmenssegmente. Für die Unternehmenssegmente können im Hinblick auf die Umsatzstärke Erfolgs- und Risikofaktoren untersucht werden, z. B. unter Berücksichtigung von Informationen zu branchenspezifischen Entwicklungen auf Absatz- und Beschaffungsmärkten, über die gesamtwirtschaftliche Entwicklung oder anstehende Veränderungen von gesetzlichen Rahmenbedingungen. Um die Erfolgschancen und –risiken aus geografischen Besonderheiten der Absatzmärkte zu erkennen, ist ergänzend die Auslandsabhängigkeit des Konzerns (= Auslandsumsatz/Gesamtumsatz) und der einzelnen Segmente (= Auslandsumsatz eines Segments/Segmentumsatz) zu analysieren. Ist das Unternehmen stark exportabhängig, ist die Erfolgskraft des Unternehmens unter Berücksichtigung von politischen und wirtschaftlichen Unsicherheiten und ggf. Wechselkursschwankungen zu relativieren.

Würdigung

- (+) Indikator für die relative Umsatzstärke der Segmente. Zeitvergleich signalisiert die Auswirkungen von Veränderungen im Produktions- und Absatzbereich.
- (!) Zusätzliche Kennzahlen sind heranzuziehen, da z. B. die Gewinnkraft der Segmente unberücksichtigt bleibt.
- (−) Umsatz kann durch Sachverhaltsgestaltung beeinflusst werden.

Segment's share of revenue 5.17

Formula

$$\frac{\text{segment revenue}}{\text{total revenue}} \times 100$$

Significance in the context of HGB

This is a ratio to evaluate revenue levels of each individual business segment. Performance and risk factors of business segments can be examined with regard to revenue levels. This can be done, for example, in consideration of information regarding sector-specific developments on sales and procurement markets, overall economic developments or upcoming changes of the legal framework. To idenitfy risk and success possibilities, resulting from geographical particularities of markets, the group's dependency on foreign countries (= foreign revenue/total revenue) and individual segments (= segment's foreign revenue/segment's revenue) must be analyzed. If the company strongly depends on exports, the performance strength of the company must be relativized with consideration of political and economic uncertainties and possibly exchange rate fluctuations.

Appraisal

- ➕ An indicator of relative revenue strength of the segments. Time comparison signals effects of changes in production and sales area.
- ❗ Additional ratios should be used, because profit strength of individual segments, for example, are disregarded.
- ➖ Revenue can be influenced by the styling of facts.

Besonderheiten der Konzernabschlussanalyse

5.18 Segmentrendite

Formel

$$\frac{\text{Segmentergebnis}}{\text{Segmentvermögen}} \times 100$$

Aussagekraft und Besonderheit nach HGB

Kennzahl zur Beurteilung der Leistungsfähigkeit der einzelnen Unternehmenssegmente. Segmentergebnis und Segmentvermögen sind gem. DRS 3 (Segmentberichterstattung) angabepflichtig und in der Segmentberichterstattung anzugeben. Ein Vergleich der Segmentrenditen der einzelnen Konzernsegmente gibt Aufschluss über die Herkunft des Erfolges aus den betrieblichen Teilbereichen und deren Renditekraft. Dadurch werden die relative Bedeutung der einzelnen Segmente für den Unternehmenserfolg und somit die erfolgsmäßigen Stärken und Schwächen in den Tätigkeitsfeldern des Unternehmens erkennbar. Als Tiefenanalyse kann die Segmentumsatzrendite (= Segmentergebnis/Segmentumsatz) und die Segmentumschlagshäufigkeit (= Segmentumsatz/Segmentvermögen) berechnet werden.

Die Segmentrendite lässt Rückschlüsse auf die Werttreiber und Wertvernichter der betrieblichen Tätigkeitsbereiche zu. Zusätzlich kann die Wertvernichtung bzw. Wertschaffung je Segment berechnet werden, soweit für die externe Analyse die notwendigen Daten vorliegen (→ EVA).

Würdigung

+ Indikator für die Leistungsfähigkeit bzw. Renditekraft des Segments. Zeigt die relative Bedeutung der einzelnen Segmente.

− Beeinflussbar durch Bilanzpolitik. Off-Balance-Sheet-Positionen bleiben unberücksichtigt.

Segment return

5.18

Formula

$$\frac{\text{segment result}}{\text{segment assets}} \times 100$$

Significance in the context of HGB

This is a ratio to evaluate performance of individual business segments. According to GAS 3 (operating segments), segment results and assets are required to be disclosed in segment reporting. Comparing individual group segment returns gives information about the origin of profit from operational divisions and their return strength. As a result, the relative importance of the individual segments for corporate success, and strengths and weaknesses in the fields of activity regarding profit, become apparent. As in-depth analysis, return on segment revenue (= segment result/segment revenue) and segment turnover ratio (= segment revenue/segment assets) can be calculated.

Segment return allows conclusions regarding value drivers and value destroyers of the business activity fields. Value destruction respectively value creation can also be calculated per segment, as long as the necessary data for external analysis is available ($\rightarrow$ EVA).

Appraisal

+ An indicator of the segment's performance and return strength. Shows the relative importance of individual segments.

− May be influenced by accounting policy; off-balance sheet items are disregarded

5.19 Wachstumsquote des Segments

Formel

$$\frac{\text{Segmentinvestition}}{\text{Segmentabschreibungen}} \times 100$$

Aussagekraft und Besonderheit nach HGB

Die Wachstumsquote des Segments gibt Aufschluss über die Zukunftsvorsorge in den einzelnen Segmenten. Im segmentübergreifenden Vergleich ist die Investitionspolitik in den Tätigkeitsbereichen des Unternehmens erkennbar (siehe auch → Wachstumsquote (Sachanlagen)).

Anstelle der Segmentabschreibungen kann – soweit vorhanden – der Segment-Cashflow (Investitionsgrad des Segments = Segmentinvestition/Segment-Cashflow) verwendet werden. Diese Kennzahl zeigt die Innenfinanzierungskraft der einzelnen Segmente auf, ein Kennzahlenwert größer (kleiner) 1 signalisiert Wachstum (Schrumpfung). Die Kennzahl ist isoliert betrachtet wenig aussagefähig. Ergänzend ist eine Ursachenforschung der Investitions- und Abschreibungspolitik notwendig, weil eine hohe Wachstumsquote nicht zwangsläufig mit einer ausreichenden Zukunftsvorsorge gleichzusetzen ist.

Würdigung

- (+) Indikator für die Investitionsintensität des Segments.
- (!) Schwankungen aufgrund von Investitionszyklen möglich. Effizienzveränderungen sind ergänzend zu berücksichtigen.
- (−) Off-Balance-Sheet-Positionen bleiben unberücksichtigt.

Segment's growth rate

Formula

$$\frac{\text{segment investment}}{\text{segment depreciation}} \times 100$$

Significance in the context of HGB

The segment's growth rate gives information about future provisions of individual segments. In inter-segment comparison the company's investment policy in business activity fields becomes apparent (see also → growth rate (fixed assets)).

If available, segment cash flow (segment's degree of investment = segment investment/segment cash flow) can be used instead of segment depreciation. This ratio reveals the internal financing strength of individual segments. A value greater (smaller) than 1 signals growth (shrinkage). Viewed separately, the informative value of the ratio is low. Additional causal research of the investment and depreciation policy is necessary, because high growth rate does not necessarily mean sufficient future provisions.

Appraisal

- (+) An indicator of the segment's investment intensity.
- (!) Fluctuations possible due to investment cycles. Changes in efficiency are also to be considered.
- (−) Off-balance sheet items are disregarded.

6 Kennzahlen zur Unternehmensbewertung

Ratios for Business Valuation

6.1 Bilanzkurs

Formel

$$\frac{\text{ausgewiesenes Eigenkapital}}{\text{gezeichnetes Kapital}}$$

Aussagekraft und Besonderheit nach HGB

Der Bilanzkurs ergibt sich aus der Relation von ausgewiesenem Eigenkapital zu gezeichnetem Kapital und bringt den Wert des Eigenkapitals (einschl. Rücklagen) bezogen auf das gezeichnete Kapital (Grundkapital) zum Ausdruck. Der Bilanzkurs entspricht dem Substanzwert des Unternehmens und gilt als rechnerischer Wert einer Aktie. Ein Vergleich von Bilanz- und → Börsenkurs spiegelt die stillen Reserven und die Ertragserwartungen der Gesellschaft wider. Die stillen Reserven können zum Teil eliminiert werden, wenn anstelle des Bilanzkurses ein um stille Reserven bereinigter Bilanzkurs verwendet wird (→ bereinigtes Eigenkapital). Die Ertragswerterwartungen für das Unternehmen sind umso höher, je größer die Differenz zwischen Börsenkurs und bereinigtem Bilanzkurs ist.

Zu Besonderheiten → Eigenkapitalquote, → bilanzanalytisches Eigenkapital.

Würdigung

➕ Einfach zu berechnen. Differenz zwischen Börsen- und Bilanzkurs kann Aufschluss über Ertragserwartungen des Unternehmens geben.

➖ Statische Kennzahl. Bilanzpolitik und damit verbundene stille Reserven/Lasten beeinflussen die Höhe des Eigenkapitals.

Ratios for Business Valuation

Balance sheet rate 6.1

Formula

$$\frac{\text{reported equity}}{\text{subscribed capital}}$$

Significance in the context of HGB

The balance sheet rate results from the relationship between reported equity and subscribed capital. It expresses the equity's value (inlcuding reserves) with regard to subscribed capital (share capital). The balance sheet rate corresponds to the company's net asset value and is considered as calculated stock value. A comparison of the balance sheet and → market rate illustrates the hidden reserves and earnings expectations of the company. Hidden reserves can be partially eliminated by using a balance sheet rate that is adjusted for hidden reserves (→ adjusted equity) instead of the normal balance sheet rate. Earnings expectations of the company are higher when there is a greater difference between the market rate and the adjusted balance sheet rate.

For pecularities → equity ratio, → balance sheet analytical euity.

Appraisal

+ Easy to calculate; the difference between market and balance sheet rates gives information about the company's earnings expectations.

− Static ratio; accounting policy and thereby associated hidden reserves/liabilities influence the amount of equity.

6.2 Börsenkurs

Formel

$$\frac{\text{Aktienpreis}}{\text{Nominalwert einer Aktie}}$$

Aussagekraft und Besonderheit nach HGB

Der Börsenkurs zeigt die Relation von Aktienpreis zum Nominalwert einer Aktie. Der Börsenkurs ist der an einer Börse festgestellte Preis und stellt somit eine relativ objektive Einschätzung des Unternehmens dar. Die Bewertung kann aber nur für börsennotierte Aktiengesellschaften und Kommanditgesellschaften auf Aktien ermittelt werden. Zudem ist der Aktienpreis u. a. von Geldmarktfaktoren und einzelwirtschaftlichen Vorgängen sowie Spekulationen beeinflusst. Dennoch wird der Börsenkurs im Vergleich zum → Bilanzkurs bzw. bereinigten Bilanzkurs als Indikator für die Ertragskraft herangezogen. Die Ertragskraft eines Unternehmens wird umso besser beurteilt, je höher der Börsenkurs im Vergleich zum Bilanzkurs ist. Die gesamten stillen Reserven eines Unternehmens, d. h. einschließlich nicht aktivierungsfähiger immaterieller Werte, können annähernd aus der Differenz zwischen dem Marktwert des Eigenkapitals (→Marktkapitalisierung) und dem Buchwert des Eigenkapitals abgeleitet werden (→ Markt-Buchwert-Relation).

Würdigung

- ➕ Einfach zu berechnen. Differenz zwischen Börsen- und Bilanzkurs kann Aufschluss über Ertragserwartungen des Unternehmens geben.
- ➖ Statische Kennzahl.

Market rate 6.2

Formula

$$\frac{\text{share price}}{\text{nominal value per share}}$$

Significance in the context of HGB

The market rate shows the relationship between share price and nominal value per share. Market rate is the price traded at the stock exchange and therefore represents a comparative objective assessment of the company. However, only the share value of listed stock corporations and limited partnerships can be determined. Moreover, stock price is influenced, inter alia, by factors in the money market and microeconomic processes as well as by speculation. Nevertheless, the market rate, in contrast with the → balance sheet rate, is used as an indicator of profitability. The company's profitability is assessed as better when the market rate is higher in comparison with the balance sheet rate. The total of the company's hidden reserves, i.e. including intangible assets that cannot be capitalized, can be derived roughly from the difference between the market value of equity (→ market capitalization) and the balance sheet's equity (→ market to book value).

Appraisal

+ Easy to calculate; the difference between the market and the balance sheet rates may give information about the company's earnings expectations.

− Static ratio

6.3 Marktkapitalisierung

auch Börsenkapitalisierung oder Börsenwert genannt

Formel

Anzahl der Aktien × Börsenkurs

Aussagekraft und Besonderheit nach HGB

Die Marktkapitalisierung ergibt sich aus der Multiplikation der Anzahl der Aktien mit dem Börsenkurs. Die Marktkapitalisierung bringt den aktuellen Marktwert des Eigenkapitals eines Unternehmens zum Ausdruck. Die Differenz zwischen Marktkapitalisierung und Bilanzwert (= Buchwert des Eigenkapitals) spiegelt die gesamten stillen Reserven eines Unternehmens (einschließlich nicht aktivierungsfähiger immaterieller Werte) und somit den originären Geschäfts- oder Firmenwert wider. Die Differenz kann als Aufgeld für positive Zukunftsaussichten interpretiert werden. Der Differenzbetrag kann durch Betrachtung eines Intellectual Capital Statement bzw. einer Wissensbilanz besser analysiert werden.

Eine hohe Marktkapitalisierung gilt als Indikator für ein hohes Interesse von Investoren an der Aktie und für eine hohe Liquidität der Aktie. Die Marktkapitalisierung bzw. Börsenkapitalisierung ist eine wichtige Komponente für die Zugehörigkeit zu einem Aktienindex.

Die Bewertung kann aber nur für börsennotierte Aktiengesellschaften und Kommanditgesellschaften auf Aktien ermittelt werden. Zudem ist der Aktienpreis u. a. von Geldmarktfaktoren und einzelwirtschaftlichen Vorgängen sowie Spekulationen beeinflusst. Siehe auch → Shareholder Value, → Marktwert-Buchwert-Relation.

Würdigung

- ➕ Indikator für die Investition in Aktien. Differenz zwischen Marktkapitalisierung und Bilanzwert gibt Aufschluss über die gesamten stillen Reserven (einschließlich nicht aktivierungsfähiger immaterieller Werte) eines Unternehmens.

- ➖ Statische Kennzahl; der Börsenwert ist jedoch schnell veränderlich. Aktienpreis u. a. von Geldmarktfaktoren und einzelwirtschaftlichen Vorgängen sowie Spekulationen beeinflusst. Nur für börsennotierte Aktiengesellschaften und Kommanditgesellschaften auf Aktien in dieser einfachen Form ermittelbar.

Market capitalization

also referred to as stock exchange capitalization

Formula

number of shares × share price

Significance in the context of HGB

Market capitalization results from multiplying the number of shares by the share price. Market capitalization expresses equity's current market value. The difference between market capitalization and balance sheet value (= book value of equity) reflects the company's total hidden reserves (including intangible assets that cannot be capitalized) and thus, original goodwill. The difference can be interpreted as a premium for positive future prospects. The amount of difference can be better analyzed by considering an intellectual capital report.

High market capitalization indicates investor's great interest in the share and high liquidity. Stock market capitalization respectively market capitalization is an important element in belonging to a stock index.

However, valuation is only possible for listed stock corporations and limited partnerships by shares. Moreover, stock price is influenced, inter alia, by factors in the money market and microeconomic processes as well as speculation. See also → shareholder value, → market to book value.

Appraisal

+ An indicator of stock investment. The difference between market capitalization and balance sheet value (= book value of equity) gives information about the company's total hidden reserves (including hidden reserves that cannot be capitalized).

− Static ratio, stock exchange value can change quickly. Stock price is influenced, inter alia, by factors in the money market and microeconomic processes as well as speculation. Calculation in this simple form is only possible for listed stock corporations and limited partnerships by shares.

6.4 Marktwert-Buchwert-Relation

Formel

$$\frac{\text{Marktwert des Eigenkapitals (Marktkapitalisierung)}}{\text{Buchwert des Eigenkapitals}}$$

Aussagekraft und Besonderheit nach HGB

Die Marktwert-Buchwert-Relation stellt dem Marktwert des Eigenkapitals (→ Marktkapitalisierung) dessen Buchwert gegenüber. Der Marktwert des Eigenkapitals entspricht bei börsennotierten Unternehmen der → Marktkapitalisierung; bei nicht börsennotierten Unternehmen ist dieser mit Hilfe von → Discounted-Cashflow-Modellen (→ Unternehmenswert auf Basis von DCF) abzuleiten. Der Buchwert entspricht dem bilanziellen Eigenkapital. Das Ergebnis bringt zum Ausdruck, mit welchem Vielfachen das Eigenkapital am Markt bewertet ist.

Ein niedriger Kennzahlenwert ist grundsätzlich ein Indikator für ein günstig bewertetes Unternehmen. Allerdings kann in Krisenzeiten, wenn die Unternehmensgewinne einbrechen, der Wert kleiner als 1 sein. Im Normalfall ist der Kennzahlenwert größer als 1, weil für die positiven Zukunftsaussichten ein Agio bezahlt wird. Gründe für positive Zukunftsaussichten können durch Analyse eines Intellectual Capital Statement bzw. einer Wissensbilanz erschlossen werden.

Würdigung

- ➕ Einfache Berechnung für börsennotierte Unternehmen.
- ➖ Statische Kennzahl; die Marktkapitalisierung ist jedoch schnell veränderlich. Börsenkurs u. a. von Geldmarktfaktoren und einzelwirtschaftlichen Vorgängen sowie Spekulationen beeinflusst. Nur für börsennotierte Aktiengesellschaften und Kommanditgesellschaften auf Aktien in dieser einfachen Form ermittelbar.

Market to book value 6.4

Formula

$$\frac{\text{market value of equity (market capitalization)}}{\text{book value of equity}}$$

Significance in the context of HGB

The market to book value puts the market value of equity (→ market capitalization) into relation with its book value. For listed companies market value of equity corresponds to → market capitalization, for non-listed companies it has to be derived with the help of → discounted cash flow models (→ business value based on DCF). Book value corresponds to balance sheet equity. The outcome expresses the multiple by which equity is valued in the market.

A low value of the ratio indicates an attractively valued company. In times of crisis, however, when corporate profits collapse, the value is less than one. Normally the value of this ratio is greater than one, because a premium is paid for positive future prospects. The reasons for positive future prospects can be deduced by analyzing an intellectual capital report.

Appraisal:

- ➕ Simple calculation for listed companies
- ➖ Static ratio; market capitalization can change quickly. Share price is influenced, inter alia, by factors in the money market and microeconomic processes as well as speculation. Calculation in this simple form is only possible for listed stock corporations and limited partnerships by shares.

6.5 Ergebnis je Aktie (unverwässert)

auch Gewinn je Aktie (unverwässert) genannt

Formel

Ergebnis je Aktie (Basisdefinition) =

$$\frac{\text{Ergebnis (aus laufender Geschäftstätigkeit) nach Steuern}}{\text{Anzahl der Aktien}}$$

alternativ:

Ergebnis je Aktie (unverwässert) =

$$\frac{\text{Ergebnis (aus laufender Geschäftstätigkeit)} - \text{Vorzugsdividenden}}{\text{durchschnittliche, gewichtete Anzahl ausstehender Stammaktien}}$$

Aussagekraft und Besonderheit nach HGB

Das Ergebnis je Aktie kann als Basisdefinition oder in unverwässerter Form ermittelt werden. Unabhängig von der genannten Ermittlungsform dient der Gewinn je Aktie der Messung der Aktienrentabilität und stellt eine besondere Variante der Eigenkapitalrentabilität dar. In der Aktienanalyse wird die Kennzahl zur Beurteilung der Anlagewürdigkeit einzelner Aktien verwendet.

Ein Problem ist die Ermittlung eines vergleichbaren Ergebnisses. Da das Jahresergebnis als bilanzpolitisch beeinflussbar gilt, ist die Aussagekraft dieser Kennzahl eingeschränkt. Zum Teil wird daher das → Ergebnis nach DVFA/SG verwendet. Zusätzlich ist die Verwendung des → Cashflows aus laufender Geschäftstätigkeit anstelle des Jahresergebnisses zu empfehlen.

Würdigung

(+) Zeigt die Aktienrentabilität des Unternehmens.

(!) Cashflow je Aktie eignet sich besser für Unternehmensvergleiche.

(−) Mangelnde zeitliche und zwischenbetriebliche Vergleichbarkeit. Nur für börsennotierte Aktiengesellschaften und Kommanditgesellschaften auf Aktien ermittelbar.

Earnings per share (undiluted) 6.5

Formula

$$\text{earnings per share (basic definition)} = \frac{\text{earnings after tax}}{\text{number of shares}}$$

alternative:

earnings per share (undiluted) =

$$\frac{\text{earnings} - \text{preferred stock dividend}}{\text{average weighted number of ordinary shares outstanding}}$$

Significance in the context of IFRS

Earnings per share (EPS) can be calculated by using the basic formula or in its undiluted form. Regardless of the calculation method, earnings per share serves as a measure of stock profitability and represents a particular variant of return on equity. In stock analysis this ratio is used to determine investment worthiness of individual stocks.

It is difficult to determine comparable results. Since the annual result can be influenced by accounting policy the informative value of this ratio is limited. Therefore, → earnings according to DVFA/SG are also used. In addition to that, using → cash flow from operating activities instead of annual result is recommended.

Appraisal

- ➕ Shows the company's stock profitability.
- ❗ Cash flow per share is more suited for inter-company comparison.
- ➖ Lacks temporal and inter-company comparability; calculation is only possible for listed stock corporations and limited partnerships by shares.

6.6 Ergebnis je Aktie (verwässert)

auch Gewinn je Aktie (verwässert) genannt

Formel

Ergebnis je Aktie (verwässert) =

$$\frac{\text{Ergebnis} - \text{Vorzugsdividenden} + \text{Zinsaufwand für potenzielle Stammaktien (t} - 1)}{\text{durchschnittl., gewichtete Anzahl ausstehender Stammaktien} + \text{potenzielle Stammaktien}}$$

Aussagekraft und Besonderheit nach HGB

Das verwässerte Ergebnis je Aktie ist eine Kennzahl zur Messung der Aktienrentabilität.

Im Vergleich zum unverwässerten Ergebnis je Aktie werden Zähler und Nenner um entsprechende Effekte aus potenziellen Stammaktien (angenommene Ausübung aller Options- und Wandelrechte) angepasst. Wenn potenzielle Stammaktien in Aktien gewandelt werden, erhöht sich die Anzahl der ausstehenden Aktien, was negativ auf das verwässerte Ergebnis je Aktie wirkt. Die Differenz zwischen verwässertem und unverwässertem Ergebnis je Aktie spiegelt den Einfluss von Entscheidungen des Managements betreffend Kapitalmaßnahmen oder Aktienoptionsplänen wider. Da das Ergebnis aber als bilanzpolitisch beeinflussbar gilt, ist die Aussagekraft dieser Kennzahl eingeschränkt. Zusätzlich ist daher die Verwendung des → Ergebnisses nach DVFA/SG oder des → Cashflows aus laufender Geschäftstätigkeit anstelle des Jahresergebnisses zu empfehlen.

Würdigung

- ➕ Zeigt die Aktienrentabilität des Unternehmens. Berücksichtigt im Vergleich zum → Ergebnis je Aktie (unverwässert) die Kapitalverwässerung auf Grund der Ausgabe junger Aktien (ohne Gratisaktien) bei Kapitalerhöhung ohne Bezugsrechte.
- ❗ Cashflow je Aktie eignet sich besser für Unternehmensvergleiche.
- ➖ Mangelnde zeitliche und zwischenbetriebliche Vergleichbarkeit. Nur für börsennotierte Aktiengesellschaften und Kommanditgesellschaften auf Aktien ermittelbar.

Earnings per share (diluted) 6.6

Formula

earnings per share (diluted) =

$$\frac{\text{result} - \text{preferred dividends} + \text{interest expense for potential ordinary shares } (t-1)}{\text{average weighted number of ordinary shares outstanding ordinary shares} + \text{potential ordinary shares}}$$

Significance in the context of HGB

Diluted earnings per share is a ratio for measuring stock profitability.

In comparison with undiluted earnings per share, the numerator and denominator are adjusted for effects resulting from potential ordinary shares (assuming all options and conversion rights are exercised). If potential ordinary shares are converted into shares, the amount of shares outstanding increases, which in turn, affects diluted earnings per share negatively. The difference between diluted and undiluted earnings, per share, reflects the influence of management decisions regarding capital measures or stock option plans. Since the result can be influenced by accounting policy, the informative value of this ratio is limited. Using → result according to DVFA/SG or → cash flow from operating activities instead of annual result is recommended.

Appraisal

➕ Shows the company's stock profitability. In comparison with → earnings per share (undiluted) it also considers capital dilution due to the issue of new shares (without bonus shares) for capital increases without subscription rights.

❗ Cash flow per share is more suited for inter-company comparison.

➖ Lacks temporal and inter-company comparability; calculation is only possible for listed stock corporations and limited partnerships by shares.

6.7 Kurs-Gewinn-Verhältnis (KGV)

Formel

$$\frac{\text{Börsenkurs je Aktie}}{\text{Ergebnis je Aktie (verwässert)}}$$

Aussagekraft und Besonderheit nach HGB

Das Kurs-Gewinn-Verhältnis zeigt die Relation von Börsenkurs zum → Ergebnis je Aktie (verwässert) und bringt zum Ausdruck, mit welchem Vielfachen des Ergebnisses die Aktie an der Börse bewertet wird. Das KGV gilt als Maßstab zur Beurteilung des Aktienwertes und spielt bei Anlageempfehlungen eine große Rolle.

Vereinfachend ist ein niedriges KGV als eine preiswerte, ein hohes KGV als eine vergleichsweise teure Kapitalanlage zu interpretieren. Bei vergleichsweise teuren Aktien dauert es länger, bis der Kaufpreis durch den Gewinn amortisiert wird. Ein hohes KGV gilt als Indiz für hohe künftige Gewinnerwartungen. Ein Vergleich mit branchendurchschnittlichen KGVs kann Hinweise auf ein angemessenes KGV des betrachteten Unternehmens geben. Da der Gewinn aber als bilanzpolitisch beeinflussbar gilt, ist die Aussagekraft dieses KGVs eingeschränkt. Zusätzlich ist daher die Verwendung des Cashflows je Aktie anstelle des Ergebnisses je Aktie zu empfehlen.

Würdigung

+ Einfach zu ermitteln. Schnelle Vergleichbarkeit.
− Ergebnis kann bilanzpolitisch verzerrt sein. Statische Kennzahl; der Börsenwert ist jedoch schnell veränderlich. Börsenkurs u. a. von Geldmarktfaktoren und einzelwirtschaftlichen Vorgängen sowie Spekulationen beeinflusst. Nur für börsennotierte Aktiengesellschaften und Kommanditgesellschaften auf Aktien ermittelbar.

Price-earnings ratio (P/E ratio or PER)   6.7

Formula

$$\frac{\text{stock market rate}}{\text{earnings per share, diluted}}$$

Significance in the context of HGB

The price-earnings ratio shows the relationship between stock market price and earnings per share (diluted). It expresses the multiple by which earnings are valued in the market. P/E ratio is a unit of value for assessing share worth, it plays an important role for investment advice.

In simple terms, a low P/E ratio can be interpreted as a comparatively inexpensive capital investment and a high P/E ratio indicates high priced capital investment. With comparatively expensive shares it takes longer for the buying price to be amortized by earnings. A high P/E ratio indicates high future earnings expectations. Comparison with sector-average P/E ratios may give a clue to the company's appropriate P/E ratio. Since profit can be influenced by accounting the informative value of the P/E ratio is limited. Therefore, an additional application of cash flow per share instead of earnings per share is recommended.

Appraisal

➕ Easy to calculate; allows for quick comparison.

➖ Earnings may be distorted due to accounting policy. Static ratio, stock exchange value can change quickly. Share price is influenced, inter alia, by factors in the money market and microeconomic processes as well as speculation. Calculation is only possible for listed stock corporations and limited partnerships by shares.

6.8 Dynamisches Kurs-Gewinn-Verhältnis (KGV)

Formel

$$\text{Dynamisches KGV} = \frac{\text{KGV}}{\text{durchschnittlich erwartete Gewinnwachstumsrate}}$$

Aussagekraft und Besonderheit nach HGB

Das dynamische KGV zeigt das Verhältnis von KGV (→ Kurs-Gewinn-Verhältnis) zum durchschnittlich erwarteten Gewinnwachstum. Das durchschnittlich erwartete Gewinnwachstum wird i. d. R. für einen Zeitraum der künftigen drei bis fünf Jahre ermittelt. Die Zukunftsschätzungen berücksichtigen die Vergangenheitsentwicklung des Unternehmens sowie die Unternehmens- und Branchenprognosen.

Die Berücksichtigung der Gewinnentwicklung ermöglicht eine Einschätzung darüber, ob das KGV für die Aktie angemessen ist. Das dynamische KGV eignet sich vor allem für junge Wachstumsunternehmen. Ein dynamisches KGV von über 1 deutet auf eine Überbewertung des Unternehmens hin, da das KGV größer ist als die prognostizierte Wachstumsrate. Ein Kennzahlenwert kleiner 1 deutet auf Potenzial einer Aktie hin, zukünftig eine Höherbewertung zu erfahren.

Würdigung

+ Einfache Ermittlung. Berücksichtigung einer dynamischen Komponente (durchschnittliche Gewinnwachstumsrate).

− Basiert auf statischem KGV. Aktienpreis u. a. von Geldmarktfaktoren und einzelwirtschaftlichen Vorgängen sowie Spekulationen beeinflusst.

Dynamic P/E ratio 6.8

Formula

$$\frac{\text{P/E ratio}}{\text{average expected earnings growth}}$$

Significance in the context of HGB

The dynamic P/E ratio shows the relationship between the P/E ratio (→ price-earnings ratio) and average expected earnings growth. Average expected earnings growth is usually determined for a time period of three to five years. Estimations for the future consider the company's past development as well as company and sector forecasts.

Consideration of earnings development enables an assessment about whether the stock's P/E ratio is reasonable. Dynamic P/E ratio is especially suited for young growth companies. Dynamic P/E ratio greater than one indicates an overvaluation of the company, because P/E ratio is greater than the growth rate prognosed. A value below one indicates potential for rising share prices.

Appraisal

- ➕ Easy to calculate. Also considers a dynamic component (average earnings growth).
- ➖ Based on static P/E ratios. Share price is influenced, inter alia, by factors in the money market and microeconomic processes as well as speculation.

6.9 Ausschüttungsquote

Formel

$$\frac{\text{Dividendenausschüttung}_t}{\text{Gewinn oder Verlust (Ergebnis nach Steuern)}_{t-1}} \times 100$$

Aussagekraft und Besonderheit nach HGB

Die Ausschüttungsquote zeigt den Anteil des Jahresergebnisses nach Steuern (Gewinn oder Verlust)$_{t-1}$, der an die Anteilseigner ausgeschüttet wird.

Grundsätzlich kann der Gewinn entweder einbehalten, reinvestiert und/oder ausgeschüttet werden. Der nicht ausgeschüttete Ergebnisanteil verdeutlicht die Selbstfinanzierung des Unternehmens gemessen am Jahresergebnis.

Die Ausschüttungsquote hängt u. a. vom Selbstfinanzierungsbedarf des Unternehmens und der Renditeerwartung der Aktionäre ab. Rentable Unternehmen haben i. d. R. eine höhere Reinvestitionsquote, sodass die Ausschüttungsquote geringer ausfällt. Allerdings können weniger rentable Unternehmen per se weniger ausschütten als rentable Unternehmen.

Würdigung

+ Zeigt die realisierte Rendite der Anteilseigner.
− Gewinnausweis ist Voraussetzung (ansonsten müssten Rücklagen aufgezehrt werden). Kann im Zeitablauf schwanken.

Payout ratio

6.9

Formula

$$\frac{\text{dividend payout}_t}{\text{profit or loss}_{t-1}} \times 100$$

Significance in the context of HGB

The payout ratio shows the share of profit or loss (annual result after tax)$_{t-1}$ distributed to shareholders.

Principally, profits can either be retained, reinvested and/or distributed. The part of the profit not distributed shows the company's self-financing in relation to the annual result.

The payout ratio, inter alia, depends on the company's need for self-financing and shareholders' return expectations. Profitable companies usually have a higher reinvestment rate, which leads to a lower payout ratio. Less profitable companies, however, can distribute less in comparison to profitable companies.

Appraisal

(+) Indicates realized shareholder returns

(−) Profit reporting is a prerequisite (otherwise reserves have to be drained). May vary over time

6.10 Dividendenrendite

Formel

$$\frac{\text{Dividende je Aktie}}{\text{Börsenkurs}} \times 100$$

Aussagekraft und Besonderheit nach HGB

Die Dividendenrendite ergibt sich aus der Relation von Dividende je Aktie zum Börsenkurs je Aktie. Als Börsenkurs ist für potenzielle Kapitalanleger der aktuelle Börsenkurs, für Anteilseigner der Kaufkurs zu verwenden. Die Dividendenrendite ist eine Kennzahl der fundamentalen Aktienanalyse und zeigt die effektive Verzinsung des in Wertpapieren angelegten Kapitals und somit die realisierte Rendite der Aktie eines Unternehmens. Neben der Dividendenrendite profitieren Anteilseigner von einem Anstieg des Aktienkurses (unrealisierte Gewinne bis zum Verkauf).

Die Beurteilung der erzielten Dividendenrendite erfolgt im Vergleich mit alternativen Anlagemöglichkeiten, z. B. Anleihen. Zu berücksichtigen ist allerdings, dass (zukünftige) Dividendenausschüttungen im Vergleich zu Couponzahlungen von Rentenpapieren unsicherer sind. Außerdem wird bei einer Dividendenausschüttung die gezahlte Dividende vom Börsenkurs abgezogen, was durch künftige Aktienkurssteigerungen wieder eingeholt werden muss.

Würdigung

- (+) Hinweis für die Attraktivität eines Unternehmens aus Investorensicht.
- (−) Nur ermittelbar bei Dividendenzahlung. Höhe der Rendite ist abhängig vom individuellen Kaufzeitpunkt.

Dividend yield

6.10

Formula

$$\frac{\text{dividend per share}}{\text{market rate}} \times 100$$

Significance in the context of HGB

Dividend yield arises from the relationship between dividend per share and market price per share. The actual stock exchange rate is employed as the market rate by potential investors, while shareholders use the purchase price. Dividend yield is a ratio of fundamental analysis, it shows effective return of capital invested in securities and, thus, realized return on a company's stock. As well as the dividend yield shareholders also benefit from rising stock prices (unrealized profits until selling).

Assessing realized dividend yield is conducted in comparison with alternative investment opportunities, e.g. bonds. However, it must also be considered that (future) dividend distribution is less certain in comparison with coupon payments from fixed-interest securities. Moreover, dividend distribution is reduced from the share price, which has to catch up again by increases in share prices.

Appraisal

+ Hints at the company's attractiveness from an investor's point of view.
− Can only be determined with dividend payments; return depends on individual purchase date.

6.11 Gewichtete durchschnittliche Kapitalkosten (WACC: Weighted Average Cost of Capital)

Formel

$$\frac{\text{Eigenkapital}}{\text{Eigenkapital} + \text{zinstragendes Fremdkapital}} \times \text{Eigenkapitalkosten}$$
$$+ \frac{\text{zinstragendes Fremdkapital}}{\text{Eigenkapital} + \text{zinstragendes Fremdkapital}} \times \text{Fremdkapitalkosten}$$

(Eigenkapitalkosten = risikofreier Zinssatz + (Marktrisikoprämie × Beta))

(Fremdkapitalkosten = risikofreier Zinssatz + (Corporate Bond Spread) × (1 −Steuersatz))

oder – falls kein Rating vorhanden ist:

$$\left(\text{Fremdkapitalkosten} = \frac{\sum (\text{Kreditsumme} \times \text{Zinssatz})}{\sum \text{Gesamtkredite}} \times (1 - \text{Steuersatz})\right)$$

Aussagekraft und Besonderheit nach HGB

Dieser Kapitalkostensatz zeigt die gesamten Kapitalkosten gewichtet nach dem Eigen- und Fremdkapital des Unternehmens. Hierbei findet i. d. R. das bilanzielle Eigenkapital und das zinstragende Fremdkapital Berücksichtigung. Der WACC wird für die Ermittlung des Unternehmenswertes, z. B. nach der DCF-Methode, verwendet. Der Eigenkapitalkostensatz nach dem sog. Capital Asset Pricing Model (CAPM) entspricht den kalkulatorischen Opportunitätskosten und berücksichtigt neben einem risikofreien Zinssatz eine Marktrisikoprämie, die die erwartete Zusatzrendite durch Investition in andere Anlagen verkörpert, und ein Beta (= Kovarianz der Aktie zum Vergleichswert/(Volatilität des Vergleichswerts)^2), das die Schwankungsintensität einer Aktie im Vergleich zu einem Index für einen Zeitraum der Vergangenheit misst. Der Fremdkapitalkostensatz ergibt sich aus einem risikofreien Zinssatz zzgl. Risikozuschlag (aus Rating abgeleitet) unter Berücksichtigung des Steuereffekts.

Würdigung

+ Mindestrendite auf das investierte Kapital. Abzinsungsfaktor für Unternehmensbewertung.

− Vergangenheitsorientiert. Keine einheitliche Berechnung und bilanzpolitisch beeinflussbar.

Weighted average cost of capital (WACC)   6.11

Formula

$$\frac{\text{equity}}{\text{equity} + \text{interest-bearing borrowed capital}} \times \text{cost of equity}$$

$$+ \frac{\text{interest-bearing borrowed capital}}{\text{equity} + \text{interest-bearing borrowed capital}} \times \text{cost of borrowed capital}$$

(cost of equity = risk-free interest rate + (market risk premium × beta))

(cost of borrowed capital = risk-free interest rate + (corporate bond spread) × (1 −tax rate))

or – if rating is not available:

$$\left(\text{cost of borrowed capital} = \frac{\sum(\text{credit amount} \times \text{interest rate})}{\sum \text{total credits}} \times (1 - \text{tax rate})\right)$$

Significance in the context of HGB

This capital cost rate shows the total capital cost weighted according to the company's equity and borrowed capital. Balance sheet equity and interest-bearing borrowed capital are normally considered here. WACC is employed to determine business value, for example, following the DCF-methods. Cost of equity, according to the capital asset pricing model (CAPM), corresponds to imputed opportunity costs and, as well as a risk-free interest rate, also considers a market-risk premium. This embodies the expected, additional return from investments in other assets and beta (= covariance of the stock to reference value/ (volatility of the reference value)^2), which measures stock's volatility compared to an index for a time period in the past. Cost of borrowed capital results from a risk-free interest rate plus risk premium (derived from ratings) under consideration of tax effects.

Appraisal

➕ Minimum return on capital employed; discount rate for business valuation

➖ Past-oriented; calculation is not consistent and is susceptible to accounting policy.

6.12 Economic Value Added (EVA)

Formel

Normalform:

$EVA_t = NOPAT_t - EBV_{t-1} \times WACC$

Spread-Form:

$$EVA_t = \left(\frac{NOPAT_t}{EBV_{t-1}} - WACC \right) \times EBV_{t-1}$$

→ NOPAT; → ROCE;
(EBV = Economic Book Value)

Aussagekraft und Besonderheit nach HGB

Der EVA ist eine sog. Übergewinngröße, die in der angloamerikanischen Praxis häufig zur Messung der Managementleistung herangezogen wird. EVA basiert auf dem Ansatz, dass ein Unternehmen nur dann Wert oder ökonomischen Mehrwert für den Investor in einer Periode generiert, wenn die Rendite auf das eingesetzte Kapital den zu Grunde liegenden Kapitalkostensatz (Eigen- und Fremdkapitalkosten) übersteigt. Diese Rendite multipliziert mit dem investierten Kapital (hier: EBV_{t-1}) führt zur jährlichen Wertsteigerung bzw. Wertvernichtung.

EVA kann als absolute Größe in der Normalform oder als sog. Spread-Form berechnet werden. Nach der Normalform ergibt sich EVA, indem von der Ergebnisgröße NOPAT die gesamten Kapitalkosten (= EBV × WACC) in Abzug gebracht werden.

Nach der Spread-Form wird von einer Renditegröße (z. B. → ROCE, ROIC oder RONA) der WACC (→ Gewichtete durchschnittliche Kapitalkosten) in Abzug gebracht. Dieser Value Spread wird mit dem EBV_{t-1} multipliziert, um die gesamte Wertsteigerung/Wertvernichtung der Periode zu ermitteln. Diese Kennzahl wird auch für die Segmentanalyse eingesetzt.

Würdigung

➕ Zeigt die Wertsteigerung bzw. Wertvernichtung der Periode. Marktbezogene Gesamtkapitalkosten werden berücksichtigt.

➖ Vielzahl von Korrekturen (sog. Conversions) notwendig. Keine einheitliche Berechnung und bilanzpolitisch beeinflussbar.

Economic value added (EVA)

6.12

Formula

normal form:
$$EVA_t = NOPAT_t - EBV_{t-1} \times WACC$$

spread-form:
$$EVA_t = \left(\frac{NOPAT_t}{EBV_{t-1}} - WACC\right) \times EBV_{t-1}$$

$\rightarrow$ NOPAT; $\rightarrow$ ROCE;
(EBV = economic book value)

Significance in the context of HGB

EVA is referred to as an excess profit factor and is often used for measuring management performance in Anglo-American practice. EVA is based on the approach that the company only generates value, or economic added value, for the investor in one period, if return on capital employed exceeds the underlying capital cost rate (cost of equity and borrowed capital). This return multiplied by the invested capital (here: EBV_{t-1}) leads to annual value increase or decrease.

EVA can be calculated in its' normal form as absolute size or as spread-form. According to the normal form EVA is calculated by subtracting total capital cost (= EBV x WACC) from the earnings parameter NOPAT.

According to the spread-form, WACC ($\rightarrow$ weighted average cost of capital) is subtracted from a return factor (e.g. $\rightarrow$ ROCE, ROIC or RONA). This value spread is multiplied by EBV_{t-1} in order to determine the period's total value increase/destruction. This ratio is also used for segment analysis.

Appraisal

+ Shows the period's value increase respectively value destruction. Market-related cost of total capital is considered.

− Multiple corrections (referred to as conversions) are necessary. Calculation is not consistent and is susceptible to accounting policy.

6.13 Market Value Added (MVA$_{ex\ ante}$)

Formel

$$\sum_{t=1}^{t=\infty} \frac{EVA_t}{(1 + WACC)^t}$$

Aussagekraft und Besonderheit nach HGB

Der MVA$_{ex\ ante}$ ergibt sich aus der Diskontierung zukünftiger, jährlicher → EVA mit den → gewichteten, durchschnittlichen Kapitalkosten. Alternativ kann der MVA$_{ex\ post}$ als Differenz aus dem Börsenwert (→ Marktkapitalisierung) und Zeitwert des ausgewiesenen Eigenkapitals ermittelt werden. Der MVA wird bspw. von Stern Stewart & Co. für die Ermittlung der 1000 größten US-Unternehmen verwendet. Der MVA$_{ex\ post}$ und der MVA$_{ex\ ante}$ müssen wertmäßig nicht gleich groß sein. Ein im Vergleich zum MVA$_{ex\ post}$ höherer MVA$_{ex\ ante}$ kann als zukünftiges Wertsteigerungspotenzial interpretiert werden, das noch nicht im Börsenwert eingepreist und u. a. aus den im Unternehmen vorhandenen immateriellen Werten resultieren kann. Ist dagegen der MVA$_{ex\ ante}$ niedriger als der MVA$_{ex\ post}$, kann eine Überbewertung des Unternehmens an der Börse vorliegen bzw. können negative Zukunftsaussichten bestehen, die in der Börsenkapitalisierung noch nicht eingepreist sind.

Der MVA verkörpert im Wesentlichen den originären Geschäfts- oder Firmenwert und zeigt den kumulierten Betrag, um den der Aktionärswert gesteigert wurde. Eine tiefergehende Analyse des MVA kann durch eine strukturierte Darstellung von in der Bilanz nicht erfassten immateriellen Werten erfolgen, z. B. Wissensbilanzen oder andere Intellectual Capital Statements.

Würdigung

- ➕ Branchenübergreifende Vergleichbarkeit. Maßstab zur Bewertung der Managementleistung.
- ❗ MVA ist nur für börsennotierte Gesellschaften geeignet.
- ➖ MVA wird vom Gesamtmarkt beeinflusst.

Market value added (MVA$_{\text{ex ante}}$)

6.13

Formula

$$\sum_{t=1}^{t=\infty} \frac{\text{EVA}_t}{(1+\text{WACC})^t}$$

Significance in the context of HGB

MVA$_{\text{ex ante}}$ results from discounting future, annual → EVA with → weighted average cost of capital. MVA$_{\text{ex post}}$ as an alternative is the difference between market value (→ market capitalization) and present value of reported equity. Stern Stewart & Co., for example, apply MVA for determining the top 1,000 US-companies. MVA$_{\text{ex post}}$ and MVA$_{\text{ex ante}}$ do not necessarily have the same value. A higher value of MVA$_{\text{ex ante}}$ in comparison with MVA$_{\text{ex post}}$, inter alia, resulting from intangible assets, can be interpreted as future potential of value increase which is not yet priced into market value. If, however, MVA$_{\text{ex ante}}$ is less than MVA$_{\text{ex post}}$, the company may be overvalued by the market or it might indicate negative future prospects not yet priced into market capitalization.

In general, MVA embodies original goodwill and shows the cumulated amount by which shareholder value is increased. A deeper analysis of MVA can be made by a structured description of intangible assets not recorded in the balance sheet, e.g. intellectual capital reports.

Appraisal

- (+) Inter-sectoral comparison is possible. A measure to evaluate management performance
- (!) MVA only suited for listed corporations
- (−) MVA is influenced by the overall market.

6.14 Cashflow Return On Investment (CFROI)

Formel

$$\frac{\text{Brutto-Cashflow}}{\text{Bruttoinvestitionsbasis (Investitionswert)}} \times 100$$

Brutto-Cashflow (BCF) =

    Gewinn oder Verlust (Ergebnis nach Steuern)
+ Zinsaufwand (inkl. Miet- und Leasingaufwendungen)
+ Abschreibungen
+/− Erhöhung/Verminderung langfristiger Rückstellungen
+/− Inflationsgewinn/-verlust aus Netto-Liquiditätsposition

Brutto-Investitionsbasis (BIB) =

    Bilanzsumme
+ kumulierte Abschreibungen auf abnutzbares SAV
+ Inflationsanpassung des abnutzbaren SAV
+ kapitalisierte Miet- und Leasingkosten
− unverzinsliches Fremdkapital (einschl. aller Rückstellungen)

Aussagekraft und Besonderheit nach HGB

Der CFROI ist eine dynamische Kennzahl, die die Verzinsung des eingesetzten Kapitals (= BIB) widerspiegelt. Der CFROI ist jener Zinssatz, bei dem die Summe der diskontierten BCF gleich der Bruttoinvestition ist. Der BCF wird über die Nutzungsdauer konstant gehalten. Die BIB entspricht dem Investitionswert. Die Berechnung des CFROI erfolgt in der Praxis anhand unterschiedlicher Konzepte. Die vorgenannten Definitionen von BCF und BIB sind daher nur exemplarisch zu verstehen. Die Differenz zwischen CFROI und WACC (→ Gewichtete durchschnittliche Kapitalkosten) ist der cashflowbasierte Value Spread, der unter Berücksichtigung der Brutto-Investitionsbasis den → Cash Value Added ergibt.

Würdigung

- ⊕ Zeigt die interne Verzinsung des eingesetzten Kapitals. Marktbezogene Gesamtkapitalkosten werden berücksichtigt.
- ⊖ Keine einheitliche Berechnung.

Cash flow return on investment (CFROI)

6.14

Formula

$$\frac{\text{gross-cash flow}}{\text{gross investment base (investment value)}} \times 100$$

gross cash flow (GCF) =

    profit or loss (result after tax)
+ interest expense (incl. rental and leasing expenses)
+ depreciation
+/– increase/decrease non-current provisions
+/– inflation gain/-loss from net liquid position

gross investment base (GIB) =

    balance sheet total
+ cumulated depreciation on tangible fixed assets
+ inflation adjustment of tangible fixed assets
+ capitalized rental and leasing expenses
– non-interest bearing borrowed capital (including all provisions)

Significance in the context of HGB

CFROI is a dynamic ratio reflecting return on invested capital (GIB). CFROI is the interest rate at which the sum of discounted GCF equals gross investment. GCF is a constant. GIB corresponds to investment value. In practice, CFROI is calculated using various concepts. The GCF and GIB definitions mentioned above are therefore only to be taken as an example. The difference between CFROI and WACC ($\rightarrow$ weighted average cost of capital) is the cash flow-based value spread, which, under consideration of gross investment base, gives $\rightarrow$ cash value added.

Appraisal

➕ Shows the internal return on invested capital; market-related cost of total capital is considered.

➖ Calculation is not consistent.

6.15 Cash Value Added

Formel

Normalform:
$$CVA_t = BCF_t - BIB_t \times WACC$$

Spread – Form:
$$CVA_t = \left(\frac{BCF_t}{BIB_t} - WACC\right) \times BIB_t$$

Ermittlung BCF und BIB → Cashflow Return On Investment

Aussagekraft und Besonderheit nach HGB

Der CVA ist eine zahlungsbasierte Übergewinngröße und basiert auf dem Ansatz, dass ein Unternehmen nur dann Wert für den Investor generiert, wenn die Rendite (hier: → CFROI) auf das eingesetzte Kapital die zu Grunde liegenden Kapitalkosten (Eigen- und Fremdkapitalkosten) übersteigt. Die Differenz aus CFROI (→ Cashflow Return On Investment) (= BCF/BIB) und WACC (→ Gewichtete durchschnittliche Kapitalkosten) multipliziert mit der Bruttoinvestitionsbasis zeigt die jährliche cashflowbasierte Wertsteigerung bzw. Wertvernichtung.

CVA kann als absolute Größe in der Normalform oder als sog. Spread-Form berechnet werden. Nach der Normalform ergibt sich der CVA, indem vom Brutto-Cashflow die gesamten Kapitalkosten (= BIB × WACC) in Abzug gebracht werden. Nach der Spread-Form wird vom CFROI als Renditegröße der WACC in Abzug gebracht. Dieser Value Spread wird mit der Brutto-Investitionsbasis multipliziert, um die gesamte Wertsteigerung/Wertvernichtung der Periode zu ermitteln. Diese Kennzahl wird auch für die Segmentanalyse eingesetzt.

Würdigung

- (+) Zeigt die Wertsteigerung bzw. Wertvernichtung der Periode. Marktbezogene Gesamtkapitalkosten werden berücksichtigt.
- (−) Keine einheitliche Berechnung.

Ratios for Business Valuation

Cash value added 6.15

Formula

normal form:
$$CVA_t = GCF_t - GIB_t \times WACC$$

spread – form:
$$CVA_t = \left(\frac{GCF_t}{GIB_t} - WACC\right) \times GIB_t$$

For calculating GCF and GIB → cash flow return on investment

Significance in the context of HGB

CVA is an excess profit factor based on payments. It follows the approach that a company only generates value for the investor if return (here: → CFROI) on invested capital exceeds the underlying cost of capital (equity and borrowed capital cost). The difference between CFROI (→ cash flow return on investment) (= GCF/GIB) and WACC (→ weighted average cost of capital) multiplied by the gross investment base shows the annual increase or decrease of value based on cash flow.

CVA can be calculated as an absolute factor in normal form or in spread form. According to the normal form CVA is calculated by subtracting total capital cost (= GIB × WACC) from gross cash flow. According to the spread form WACC is subtracted from the return factor CFROI. This value spread is multiplied with the gross investment basis in order to determine the period's total value increase/destruction. This ratio is also used for segment analysis.

Appraisal

➕ Shows the period's value increase respectively value destruction. Market-related cost of total capital is considered.

➖ Calculation is not consistent.

6.16 Shareholder Value

Formel

Brutto-Konzept:

	Barwert der Free Cashflows (vor Zinsaufwand) im Planungszeitraum
+	diskontierter Fortführungswert am Ende des Planungszeitraums
−	Barwert des Fremdkapitals
=	Shareholder Value

} abgezinst mit WACC

Entity-Konzept:

	Barwert der Free Cashflows (nach Zinsaufwand) im Planungszeitraum
+	diskontierter Fortführungswert am Ende des Planungszeitraums
−	Barwert des Fremdkapitals
=	Shareholder Value

} abgezinst mit EK-Kostensatz

Eigenkapitalkostensatz: siehe → Gewichtete durchschnittliche Kapitalkosten, WACC

Aussagekraft und Besonderheit nach HGB

Der Shareholder Value verkörpert den Marktwert des Eigenkapitals. Er kann nach dem sog. Entity- oder Brutto-Konzept ermittelt werden. Ein Vergleich von → bilanzanalytischem Eigenkapital, → bereinigtem Eigenkapital und Shareholder Value gibt Hinweise auf Wertlücken im Jahresabschluss aufgrund von stillen Reserven und nicht bilanzierungsfähigen immateriellen Werten. In aller Regel übersteigt der Shareholder Value häufig deutlich das ausgewiesene Eigenkapital. Bei börsennotierten Unternehmen besteht zudem die Möglichkeit, den Shareholder Value mit der → Marktkapitalisierung zu vergleichen, um Hinweise auf eine Über- und Unterbewertung des Unternehmens durch den Kapitalmarkt, gemessen am Shareholder Value, zu erhalten. → Unternehmenswert auf Basis von DCF.

Würdigung

+ Zeigt den Marktwert des Eigenkapitals.
− Schätzung von Free Cashflow, Restwert und Abzinsungssatz unterliegt Einschätzungsspielräumen.

Shareholder value 6.16

Formula

Gross-concept:

present value of free cash flows (before interest expenses) in planning period	} discounted with WACC
+ discounted terminal value at the end of the planning period	
− borrowed capital at present value	
= shareholder value	

Entity-concept:

present value of free cash flows (after interest expenses) in planning period	} discounted with cost of equity
+ discounted terminal value at the end of the planning period	
− borrowed capital at present value	
= shareholder value	

Capital cost of equity: see also → weighted average cost of capital, WACC

Significance in the context of HGB

Shareholder value embodies the market value of equity. It can be calculated according to entity or gross concept. A comparison between → balance sheet analytical equity, → adjusted equity and shareholder value gives information about value gaps in the annual financial statement, due to hidden reserves and intangible assets that cannot be reported. Normally shareholder value exceeds reported equity significantly. There is an additional possibility for listed corporations to compare shareholder value with → market capitalization in order to receive additional information about the market's over- and undervaluation of the company, measured by shareholder value → business value based on DCF.

Appraisal

➕ Shows equity's market value

➖ Free cash flows, terminal value and discounting rate are subject to estimations.

6.17 Unternehmenswert auf Basis von Discounted Cashflow (DCF)

Formel

$$\sum_{t=1}^{n} \frac{\text{Free Cashflow}_t}{(1+\text{WACC})^t} + \frac{\text{Restwert}_n}{(1+i)^n}$$

Aussagekraft und Besonderheit nach HGB

Der DCF stellt den aktuellen Unternehmenswert dar und wird aus der Summe der diskontierten zukünftigen → Free Cashflows und dem diskontierten Restwert ermittelt. Der Free Cashflow wird i. d. R. für die nächsten fünf Jahre geschätzt und mit dem WACC (→ Gewichtete durchschnittliche Kapitalkosten) abgezinst. Der Restwert verkörpert die konstanten Rückflüsse aller weiteren Jahre, wird als ewige Rente (= Free Cashflow/WACC) ermittelt und ebenfalls mit dem WACC abgezinst.

Nach Abzug des zum Marktwert bewerteten Fremdkapitals vom Unternehmenswert ergibt sich der → Shareholder Value. Der Gesamtunternehmenswert errechnet sich ausgehend vom Unternehmenswert nach der DCF-Methode zuzüglich des Barwerts des nicht betriebsnotwendigen Vermögens.

Ein Vergleich von → bereinigtem Eigenkapital, → Marktkapitalisierung und Unternehmenswert gibt zum einen Aufschluss über nicht aktivierungsfähige immaterielle Werte und liefert zum anderen Informationen über die zukünftige Werteinschätzung des Unternehmens.

Der Unternehmenswert kann vereinfacht über Multiplikatorverfahren als ein x-faches des Ergebnisses, z. B. ordentliches Jahresergebnis oder EBITDA, abgeleitet werden.

Würdigung

⊕ Zeigt den aktuellen Unternehmenswert.

⊖ Schätzung von Free Cashflow, Restwert und Abzinsungssatz unterliegt Einschätzungsspielräumen und ist somit beeinflussbar. Restwert hat nachhaltigen Einfluss auf die Höhe des Unternehmenswertes.

Business value based on discounted cash flows (DCF)

6.17

Formula

$$\sum_{t=1}^{n} \frac{\text{free cash flow}_t}{(1 + \text{WACC})^t} + \frac{\text{terminal value}_n}{(1 + i)^n}$$

Significance in the context of HGB

DCF constitutes current business value, determined by the sum of discounted future → free cash flow and discounted terminal value. Free cash flow is normally estimated for the following five years and discounted with → WACC (→ weighted average cost of capital). Terminal value embodies the constant backflow of all the years after that. It is calculated as perpetuity (free cash flow/WACC) and also discounted with WACC.

After deducting borrowed capital, priced at market value, from business value follows → shareholder value. The total business value results from business value (according to the DCF method) plus the present value of non-operating assets.

A comparison of → adjusted equity, → market capitalization and business value gives information about intangible assets that cannot be capitalized and a future value estimation of the company.

Put more simply, business value can be derived from a multiples method by an x-fold of profit, e.g. ordinary annual result or EBITDA.

Appraisal

- ➕ Shows current business value
- ➖ Free cash flows, terminal value and discounting rate are subject to estimations and, therefore, can be influenced. Terminal value has a lasting influence on business value.

Literatur

References

Literatur/References

Baetge, J./Kirsch, H.-J./Thiele, S.: Bilanzanalyse, 2. Aufl., Düsseldorf 2004.

Coenenberg, A. G./Haller, A./Schultze, W.: Jahresabschluss und Jahresabschlussanalyse, 22. Aufl., Stuttgart 2012.

Gräfer, H./Schneider, G./Gerenkamp, T.: Bilanzanalyse, 11. Aufl., Herne 2010.

Heesen, B./Gruber, W.: Bilanzanalyse und Kennzahlen, 3. Aufl., Wiesbaden 2011.

Küting, K./Weber, C.-P.: Die Bilanzanalyse, 10. Aufl., Stuttgart 2012.

Lachnit, L.: Bilanzanalyse, Wiesbaden 2004.

Peemöller, V. H.: Bilanzanalyse und Bilanzpolitik, 3. Aufl., Wiesbaden 2003.

Petersen, K./Zwirner, C., Künkele, K.: Bilanzanalyse und Bilanzpolitik nach BilMoG, 2. Aufl., Herne 2010.

Scheffler, E.: Bilanzen richtig lesen, 8. Aufl., München 2009.

Schult, E./Brösel, G.: Bilanzanalyse, 14. Aufl., Berlin 2012.

Über die Autoren

About the Authors

Über die Autoren/About the Authors

Prof. Dr. Inge Wulf ist Inhaberin des Lehrstuhls für Betriebswirtschaftslehre, insbesondere Unternehmensrechnung, an der Technischen Universität Clausthal. Ihre Forschungsschwerpunkte liegen in den Bereichen Internationale Rechnungslegung, Abschlusspolitik und -analyse sowie der internen und externen Berichterstattung über immaterielle Vermögenswerte.

Dipl.-Oec. Jeremy Wieland ist Doktorand am Lehrstuhl für Finance & Accounting von Prof. Hachmeister an der Universität Hohenheim. Sein Forschungsschwerpunkt liegt in der Unternehmensbewertung.

Prof. Dr. Inge Wulf holds the Chair of Business Administration, in particular accounting at the Clausthal University of Technology. Her research interests are in the areas of international accounting, accounting policy and financial statement analysis as well as internal and external reporting of intangible assets.

Jeremy Wieland is a PhD student at the Department of Finance & Accounting, held by Prof. Dr. Dirk Hachmeister at the University of Hohenheim. His research focus is business valuation.

Stichwortverzeichnis

Stichwortverzeichnis

a

Abschreibungsintensität 162
Abschreibungsquote (SAV) 60
Anlagenabnutzungsgrad (SAV) 58
Anlagendeckungsgrad 1 108
Anlagendeckungsgrad 2 110
Anlagenintensität 36
Arbeitsintensität 160
Ausschüttungsquote 252

b

Barliquidität 126
Bereinigtes Eigenkapital 88
Beschäftigung
(= Kapazitätsauslastung) 72
Beteiligungsrendite 190
Betriebliches Ergebnis 140
Betriebsfremdes Ergebnis 142
Betriebsvermögensrentabilität 178
Bewertungsergebnis 144
Bilanzanalytisches Eigenkapital 86
Bilanzkurs 236
Bindungsdauer
– der Forderungen aus L+L 80
– des Vorratsvermögens 70
Börsenkapitalisierung 240
Börsenkurs 238
Börsenwert 240
Bruttoergebnismarge 186

c

Capex zu Abschreibungen 224
Capex zu Umsatz 226
Cash-Burn-Rate 222
Cashflow aus Finanzierungstätigkeit
(DRS 2) 206
Cashflow aus Investitionstätigkeit
(DRS 2) 204
Cashflow aus laufender
Geschäftstätigkeit
– DRS 2 200

– Ermittlungsmethoden 196
– überschlägig bzw. gem. sog.
Praktiker-Formel 198
Cashflow-Deckungskraft 220
Cashflow-Marge 216
Cashflow-Rendite 214
Cashflow Return On Investment
(CFROI) 262
Cashflow-Umsatzrate 216
Cashflow-Umsatzrentabilität 211
Cashflow-Verwendungsrelation 220
Cash Value Added 264

d

Debitorenlaufzeit 80
Debitorenumschlag 82
Deckungsgrad A 108
Deckungsgrad B 110
Dividendenrendite 254
Dynamischer Verschuldungsgrad
212
Dynamisches Kurs-Gewinn-
Verhältnis (KGV) 250

e

Earnings Before Interest and Taxes
(EBIT) 152
Earnings Before Interest, Taxes and
Amortization (EBITA) 154
Earnings Before Interest, Taxes,
Depreciation and Amortization
(EBITDA) 154
Earnings Before Taxes (EBT) 150
EBIT-Marge 184
Economic Value Added (EVA) 258
Effektivverschuldung
– absolut 114
– relativ 116
Eigenkapitaldeckung 108
Eigenkapitalquote 90
Eigenkapitalrentabilität 174
Entschuldungsgrad 210

Stichwortverzeichnis

Entwicklungskosten-Aktivierungsquote 164
Ergebnis je Aktie
– unverwässert 244
– verwässert 246
Ergebnis nach DVFA/SG 148

f

F+E-Intensität 164
F+E-Kostenanteil 164
F+E-Rate 164
Finanzergebnis 142
Finanzkraft 208
Free Cashflow 202
Fremdkapitalquote 98
Fremdkapitalquote (kurzfristig) 100
Fremdkapitalrentabilität 192
Fremdkapitalstruktur 102

g

Geldumschlagsdauer 124
Gesamtabschreibungsquote 58
Gesamtkapitalrentabilität 176
Gewichtete durchschnittliche Kapitalkosten 256
Gewinn je Aktie (unverwässert) 244
Gewinn je Aktie (verwässert) 246
Gewinn oder Verlust 146
Goldene Bilanzregel 102, 110
Goldene Finanzierungsregel 112

h

Herstellungskostenintensität 166
Herstellungskostenquote 166

i

Immaterialanlagenintensität 40
Innenfinanzierungsgrad der Investitionen 208
Innenfinanzierungskraft 208
Investiertes Kapital 62

Investitionen in % des Umsatzes 74
Investitionsdeckung (SAV) 56
Investitionsgrad 218
Investitionsquote
– Finanzanlagevermögen 52
– Sachanlagevermögen 50

j

Jahresergebnis, bereinigtes Jahresergebnis 146

k

Kapitalbindungsdauer 136
Kapitaldienstfähigkeit 210
Kapitalintensität 162
Kapitalumschlagshäufigkeit 64
– des Sachanlagevermögens 66
– des Umlaufvermögens 68
Kreditorenlaufzeit 120
Kreditorenumschlagshäufigkeit 122
Kundenziel 80
Kurs-Gewinn-Verhältnis (KGV) 248

l

Langfristkapitalanteil 96
Langfristkapitaldeckung 110
Liquidität Lieferantenzielnutzung
– 1. Grades 126
– 2. Grades 128
– 3. Grades 130
Liquiditätskoeffizient 1 126
Liquiditätskoeffizient 2 128
Liquiditätskoeffizient 3 130

m

Market Value Added (MVA) 260
Marktkapitalisierung 240
Marktwert-Buchwert-Relation 242
Materialaufwandsquote 158
Materialintensität 158

Stichwortverzeichnis

n

Net operating profit after taxes (NOPAT) 156
Nettoverschuldung 114
Nettoverschuldung (relativ) 116

o

operatives Ergebnis 156
(Ordentliches) Betriebsergebnis 140
(Ordentliches) Finanzergebnis 142

p

Personalaufwandsquote 160
Personalintensität 160

r

Reinvestitionsquote 54
Return On Capital Employed (ROCE) 180
Return On Invested Capital (ROIC) 180
Return On Investment (ROI) 188
Rohergebnismarge 186
Rücklagenquote 92
Rückstellungsquote 104

s

Sachanlagenintensität 38
Sachanlagen zu Umsatz 76
Schuldentilgungsdauer 212
Segmentrendite 230
Selbstfinanzierungsgrad 94
Shareholder Value 266
Statischer Verschuldungsgrad 106
Steuerquote 172
Stille Reserven/stille Lasten 78

t

Tilgungsdauer 212
Tilgungsfähigkeit 118

u

Umlaufintensität 46
Umsatzanteil des Segments 228
Umsatzkostenintensität (nur bei Erfolgsrechnung nach UKV) 166
Umsatzrentabilität 182
Umschlagsdauer des Vorratsvermögens 70
Umschlagshäufigkeit des
– Gesamtvermögens 64
– Sachanlagevermögens 66
– Umlaufvermögens 68
Unregelmäßiges Jahresergebnis 144
Unternehmensrendite 176
Unternehmerrendite 174
Unternehmenswert auf Basis von Discounted Cashflow (DCF) 268

v

Verbundergebnis 142
Verbundvermögen 44
Vermögensstruktur 42
Vermögensumschlagshäufigkeit 64
– des Sachanlagevermögens 66
– des Umlaufvermögens 68
Verwaltungs- und Vertriebsintensität (nur bei Erfolgsrechnung nach UKV) 168
Verwaltungs-/Vertriebskostenquote 168
Vorrats- und Forderungsintensität 48

w

Wachstumsmöglichkeiten 214
Wachstumsquote des Segments 232
Wachstumsquote (SAV) 54
Weighted Average Cost Of Capital (WACC) 256

Stichwortverzeichnis

Working Capital
- absolut 132
- relativ 134

Z

Zinsbelastung 192
Zinsdeckungsgrad 170

Index

Index

a

Ability to service dept 211
Accounts receivable turnover 83
Adjusted equity 89
Administration and distribution intensity (only for the function of expense method) 169
Administration/distribution expense ratio 167
Annual result, adjusted annual result 147
Asset cover ratio 1 109
Asset cover ratio 2 111
Asset Ratios 35
Asset structure 43
Asset turnover ratio 69
Asset turnover ratio of current assets 73
Asset turnover ratio of popesty, plant and equipment 71

b

Balance sheet 23
– analytical equity 87
– rate 237
Borrowed capital redemption periode 213
Business return 177
Business value based on discounted cash flow (DCF) 269

c

Capacity utilization 73
Capex to depreciation 225
Capex to revenue 227
Capital turnover ratio 69
Cash-burn rate 223
Cash conversion cycle (CCC) 125
Cash flow coverage 221
Cash flow from financing activities (GAS 2) 207
Cash flow from investing activities (GAS 2) 205
Cash flow from operating activities (according to GAS 2) 201
Cash flow from operating activities – calculation methods 197
Cash flow from operating activities (estimated respectively according to practitioner-formula) 199
Cash flow margin 217
Cash flow return 215
Cash flow turnover rate 217
Cash flow turnover profitability 217
Cash flow usage relations 221
Cash ratio 127
Cash flow return on investment (CFROI) 263
Cash value added 265
Commitment period of account receivables 81
Commitment period of inventories 71
Cost of sales intensity (only for income statements assording to the funtion of expense method) 167
Coverage ratio A 109
Coverage ratio B 111
Current asset intensity 47
Customer payment target 81

d

Days payable outstanding (DPO) 121
Debt ratio 99
Debt ratio (short-term) 101
Debt structure 103
Debt repayment period 213
Degree of asset depreciation (PPE) 59
Degree of debt relief 211
Degree of investment 219

Index

Depreciation intensity 163
Depreciation rate (PPE) 61
Dividend yield 255
Dynamic debt ratio 213
Dynamic P/E ratio 251

e

Earnings before interest and taxes (EBIT) 153
Earnings before interest, taxes and amortization (EBITA) 155
Earnings before interest, taxes, depreciation and amortization (EBITDA) 155
Earnings before taxes (EBT) 151
Earnings per share (diluted) 247
Earnings per share (undiluted) 245
EBIT-margin 185
Economic value added (EVA) 259
Effective debt (absolute) 115
Effective debt (relative) 117
Entrepreneur return 175
Equity cover ratio 109
Equity ratio 91

f

Financial Standing Ratios 85
First-degree liquidity 127
First-degree liquidity ratio 127
Fixed asset intensity 37
Free cash flow 203
Further disclosures 29

g

Golden balance sheet rate 109, 111
Golden rule of financing 113
Gross profit margin 187
Group assets 45
Growth opportunities 215
Growth rate (PPE) 55

h

Hidden reserves/hidden liabilities 79

i

Intangible fixed asset intensity 41
Interest charge 193
Interest coverage ratio 171
Internal financing capacity 209
Internal financing rate of investment 209
Inventory and receivables intensity 49
Invested capital 63
Investment as percentage of revenue 75
Investment coverage (PPE) 57
Investment ratio (financial assets (FA)) 53
Investment ratio (property, plant and equipment (PPE)) 51
Irregular annual result 145

l

Long-term capital coves 111
Long-term capital share 97

m

Market capitalization 241
Market rate 239
Market to book value 243
Market value added (MVA) 261
Material intensity 159
Material expense ratio 159

n

Net operating profit after taxes (NOPAT) 157

Index

o
(Ordinary) financial result 143
(Ordinary) operating result 141

p
Payables turnover ratio 123
Payout ratio 253
Performance Analysis Ratios 139
Price-earnings ratio (P/E ratio or PER) 249
Production cost intensity 167
Profit or loss 147
Profit and loss statement 27
Property, plant and equipment intensity 39
Provisions rate 105

r
R&D intensity 165
R&D ratio 165
Ratio of property, plant and equipment to revenue 77
Ratios for Business Valuation 235
Ratios for Segment Analysis 195
Redemption capability 119
References 271
Reserves ratio 93
Results according to DVFA/SG 149
Return on capital employed (ROCE), 181
Return on Equity 175
Return on invested capital (ROIC) 181
Return on investment (ROI) 189
Return on operating assets 179
Return on sales 183
Return on total capital 177
ROI from Holdings 191

s
Second-degree liquidity 129
Segment's growth rate 233
Segment's share of revenue 229
Segment return 231
Self-financing rate 95
Shareholder value 267
Staffing intensity 161
Static debt-equity ratio 107
Stock exchange capatalization 241

t
Tax ratio 173
Third-degree liquidity 131
Total asset turnover 65
Total depreciation ratio 59
Turnover ratio of current assets 69
Turnover ratio of property, plant and equipment 67

w
Weighted average cost of capital (WACC) 257
Working capital (absolute) 133
Working capital (relative) 135